JN409298

가버린 세월

가버린 세월

부진섭 수필집

수필과비평사

■ 머리말

수필을 쓰기 시작한 지 십 년이 넘었습니다. 쓰고 싶었던 소재들을 잠시 접어두고 내면을 키우기 위해 불교 교리를 배우게 되었습니다.

어느 날입니다. 삼라만상에 존재가치의 속성이 기후 조건에 따라 얼마든지 변화로 나타날 수 있다는 부처님 교리가 떠올랐습니다. '돌은 어떻게 변하는 것인가?'라는 의문이 생겼습니다.

돌이 있는 곳이면 주시하다 일 년이 넘어서야 계곡에서 변화를 가져온 암석을 마주하게 되었습니다. 2500여 년 전, 부처님이 일생 동안 찾은 수많은 진리 중에 한 가지였습니다. 겨우 그 대상을 찾아보고 느끼면서 감동하게 되는 자신을 생각하다 보니 너무나 작은 존재로 다가옵니다.

무심코 지나치던 제주의 돌에 많은 관심을 가지게 되었습니다. 그 역사와 기묘한 현상이 나타나기까지의 과정을 확인하다 보니 우리의 삶은 정말 잠시 왔다 가는 울림 같은 짧은 인생이라는 걸 절실하게 느끼게 됩니다.

짧은 생을 생각하다 보면 조금의 시간도 낭비할 수 없다는 조급한 마음이 생깁니다. 삶에서 새로이 무언가를 배운다는 것은 항상 힘든 일이지만, 더 나은 삶을 이어가면서 마음의 평정을 찾는 데 많은 도움이 되었습니다. 뚜렷하게 내세울 것 없는 인생이지만, 주어진 일상에서 최선을 다했다는 마음이 생깁니다. 지나간 세월 속에서 서글펐던 마음이 정화되면서 후회 없는 삶이었다는 자부심도 가져봅니다.

내가 살아가던 일상에서 정말 특별하면서 열심히 살아가는 귀한 분들을 만나게 되었습니다. 그분들이 살아가는 모습은 삶의 귀중함과 가치를 일깨워 주면서 세상의 그 어떤 것보다 값지게 다가와 작품으로 이어졌습니다.

책을 발간하는 과정에서 많은 격려와 도움을 주셨던 교수님과 선생님들께 깊은 감사를 드립니다. 그분들의 도움이 없었다면 이 책이 나오기까지 더 많은 기간으로 지체되었을 겁니다. 순조롭게 마무리하도록 도와주셔서 다시 한 번 감사의 마음을 전합니다.

2018년 10월

부 진 섭

| 차례 |

2부 | 가버린 세월

3부 | 방생하는 날

4부 | 단 하루만이라도

5부 | 영등할망의 바다

6부 | 지화紙花 만들며

7부 | 생각하는 정원

1부

세월을 품다

엉알길 걸으며

수월봉과 차귀도 사이에서 일만여 년 전, 강력한 해상폭발이 반복되었단다. 당시 화산재 더미가 쌓이면서 제주에서 보기 드문 퇴적층으로 구성된 지역이라고 K 선생이 설명을 이어간다.

해변으로 내려가는 입구에서부터 마주한 퇴적층을 보고 있노라니 수십 개의 층으로 이루어졌다. 폭발할 때 한꺼번에 툭 떨어진 것이 아니라 빠른 속도로 여러 번 걸쳐 이룬 퇴적층이다. 겉으로 보기에는 제주의 대표적인 현무암처럼 강하게 안 보인다. 하지만 만 년 이상 크고 작은 해풍을 받아들이면서도 견고하게 버티고 산을 이루고 그 산을 떠받들고 있다. 자연이 아니면 흉내낼 수 없는 다양한 작품처럼 이어지는 길이다.

화산재로 구성된 절벽들이지만 독특하면서 신기하기만 하다. 어디에 가치를 두고 살았기에 같은 섬에 살면서도 반백이 넘어야 마주하게 되었을까. 엉알 길을 따라 걷다 보니 비슷하면서도 다양한 모양과 질이 다른 퇴적층으로 이어진다. 같은 곳에서 뿜어져 나온 화산재라면 어떻게 색깔과 모양, 질이 다른 것인가. 기왓장처럼 엷은 지층이 여러 겹 쌓여 사방에 바위와 해산물 조각 등이 박혀 있다.

시루떡처럼 켜켜이 단층을 이루면서 붉은색을 띠고 있는 곳도 있다. 단층이 없고 돌 조각, 조개껍질 등을 섞어서 반죽한 것처럼 한 덩어리로 뭉쳐진 벽도 있다. 손으로 만지니 육안으로 나타난 모래가 떨어진다. 같은 지역이지만 폭발한 시기가 다르기에 모양과 질이 다른 것일까. 아니면 폭발 강도에 따라 다르게 나타난 것인가. 보는 것마다 의문이 생기면서 마음이 복잡해졌다.

듣고 지켜보면서도 시원하게 마음으로 다가오지 않아 답답해 왼쪽으로 고개를 돌렸다. 걸어가는 길이 중심이 되어서 시대가 다른 경계선처럼 오른쪽과 달리 옥빛 바다 물결이 넘실거린다. 광경을 뒷받침이라도 하듯 친근감이 있는 현무암들이 반긴다.

태초에 거대한 폭발로 현무암들과 모래 등으로 구성되면서 평화로운 해변이었으리라. 어느 날 바다에서 다시 수중화산 폭발이 일어나면서 지표면 위에 뜨거운 용암이 용솟음쳤으리라. 떨어지는 강도와 장소에 따라 퇴적층이 새롭게 형성되었다는 생각에 다시 오른쪽으로 눈을 돌렸다.

사암석 암벽은 금방 부서질 것처럼 보인다. 긴 세월 자신이 지키던 공간을 언제까지나 지켜야 할 의무라도 있는 것처럼 차광막으로 보호를 받고 있다. 용암은 몇 천 도가 넘기에 큰 동물이나 조류 등이 용암에 쌓인다면 화석이 될 만큼 뜨거운 불덩어리다. 처음에는 단단하게 굳었다가 긴 세월 속에서 부식되었을까. 아니면 용암이 용솟음치던 날 추위와 회오리바람이 불었을까. 화산재가 강한 바람에 분사로 퍼지며 용암이 어느 정도 식어서 모래를 감싸안은 모습인지 모른다.

수만 년 전에 일어난 우주질서와 환경에 따른 창조물들이다. 한 치의 거짓도 오차도 없이 그대로 다양하게 드러나 장엄한 자세로 묵묵하게 자리를 지키고 있는 곳이다. 그 침묵을 깨기라도 하듯 퇴적층으로 이룬 사이에서 쉼 없이 물이 내린다.

제주도 중심에서 높고 넓게 자리잡은 한라산에서 내린 비가 지하로 스며들면서 내려오는 용천수를 몇 년 전까지만 해도 먹었단다. 시대에 따라 고산 평야에 감자와 마늘을 심으면서 농약 성분이 혼용되어 내린다는 걸 알고 요즘은 안 먹는단다.

우주의 질서를 통해 지닌 퇴적층에서 정화하며 내려오고 있으리라. 긴 세월 동안 복잡한 세상에 녹아나 수억 년 전 자리잡은 바위들을 매만지며 내려와 이전에 태어난 바다 자궁으로 다시 유유히 이어가고 있다.

세월을 품다

역사의 시련을 감당한 진선미처럼 특별하게 뽑아 놓은 돌을 진열해 놓았다. 어디에 숨었다 나타난 진화론의 산물들인가. 언제 무엇으로 어떻게 빚어졌는지 의문이 생긴다.

자료를 보면 몇 만 년 전, 바다 지하에 가스가 차서 용암보다 더 빠른 속도로 폭발하면서 제주 섬이 탄생되었다. 큰 섬으로 드러나기까지 엄청난 탄력을 받으며 사방에서 화산이 터졌으리라. 바다 가운데서 제주를 탄생시켰으니 얼마나 요란했을까. 사물마다 자신들의 의지와 달리 부딪치고 응고되는 과정에서 서로 품게 되었으리라.

제주는 한꺼번에 탄생하지 않았다. 수십 번에 걸쳐 거대한 섬으로 형성되었다. 그 이후 일부는 다시 바다에서 폭발하면서 새롭게 탄생한 곳도 있다. 다양한 과정을 통해 제주가 마무리 되었으리라.

바다에 살던 동식물들도 광물이 굳어지기 전에 서로 혼융되면서 반죽이 되었으리라. 크고 작은 반죽에 따라 다양한 모습으로 지상에 드러나거나 파묻히게 된다. 오랜 세월 잠재되면서 동식물의 실체는 썩어서 모래와 흙이 되었으리라. 본연의 땅을 개발하기 시작하면서 태초의 존재가치가 드러나기 시작한다. 다양한 형상에 관심을 갖는 전문가들에게 보물처럼 드러나 소중하게 다루어 왔으리라.

최초부터 용암과 바다의 동식물들이 서로 융합하게 된다. 긴 세월 속에서 용암과 용암 사이 들어앉아, 수명이 짧은 물질은 풍화작용에 의해 사라지게 된다. 무엇이든지 품었던 광물은 비워내면서 사라진 자리마다 갖가지 형상으로 나타난다. 다양한 가치와 역사를 연구하면서 세상에 드러나 과시하기 시작하였다. 시대에 따라 발원지 제주 돌문화공원에서 전시하며 새로운 세계가 펼쳐지고 있다. 정연하게 진열해 놓았기에 짧은 기간에 수만 년의 역사를 한 자리에서 엿볼 수가 있었다.

제주바다의 동식물들을 연상하며 내 마음에 자리 잡은 해산물과 해초들을 상상하며 다시 가서 확인하게 되었다. 부처에서부터 수많은 형상들을 보고 있노라니 신기함에 빠져 눈을 돌릴 수가 없다. 그 중에 반죽처럼 늘려졌다 접었다 한 모습이 참으로 신기하다. 가늘고 얇은 형상에 집중하게 된다. 화산폭발의 속도가 약해지면서 광물이 엿처럼 흘어내릴 때 매끈한 미역이나 나뭇잎 위에 여러 번 접어지면서 나타난 창조물처럼 다가온다.

제주 섬은 바다와 육지가 서로 공존하며 나타나기 시작하면서 다양한 물질이 서로 감싸고 굳었기에 더욱더 다양한 형상으로 태어났으리라. 광물이 물질을 품고 다시 분리하는 산고의 고통을 통해 회생된 태초의 소산물이었다.

원대한 세월의 과정을 통해 태어난 형상에 비하면, 인간의 삶은 찰나이므로 그 소산물의 가치가 대단하다는 걸 일깨워 준다. 긴장하게 하던 돌의 모습과 가치를 조금이나마 느끼게 되자, 지금까지 돌을 '마구 다루며 이용한 것은 아닌가.' 하고 생각하게 되었다. 아직도 희귀하게 생긴 겉모양에만 치우치고 '원석을 놓치고 있는 것은 아닌가.' 하고 많은 보물이 전시된 보고 앞에서도 또 다른 소산물을 걱정하는 마음이 인간의 탐욕이라고 하는 것인가.

바닷가 방사탑

신흥리 마을은 도로에서 멀리 떨어진 해안 마을로 구성되었다. 중심지에서 조금만 내려가면 해수욕장이 보인다. 깊은 바다와 수심이 낮은 경계선에 암석으로 이어지다 비어 있는 공간이 있다. 그 부분이 바다의 썰물과 밀물이 순환하면서, 배가 드나드는 공간이란다.

양쪽 끝 암반에 방사탑이 세워졌다. 여 안쪽으로 최근에 세 개의 탑이 세워지면서 오 탑으로 통한단다. 지금은 제주도 관광지 입구에 세워지는 탑이 왜 바닷가에 세워졌을까. 지나가다 보고 의문이 생긴다. 다음해 집안의 형님을 앞세우고 찾아갔다.

해안도로가 개발되면서 시대에 따라 모래사장은 해수욕장으로 이용하고 있다. 변화를 가져오기 전에는 바닷가 입구에서 바라보고 있노라면 게 모양이 드러났다고 한다. 여 안이 몸통이고 먼 바다에 돌출한 여가 집게발 양쪽 끝부분이란다. 듣고 자세히 보고 있노라니 아직도 그 의미가 조금은 다가온다.

게의 형상으로 나타나 바다로 불쑥 솟아나 있는 둔덕이다. 깊은 바다까지 돌출한 부분에 다가갔다. 거칠게 부딪히는 높은 파도가 범상치 않다. 지나가던 배가 아무리 면밀한 항해를 해도 뒤집어질 정도로 파도와 물살이 유난히 거세게 일렁인다. 지역사람도 '설마' 하고 지나가다 사고가 많이 나던 곳이란다. 타지 사람들은 모르고 지나다 배가 난파하고 사람이 죽을 정도로 물살을 종잡을 수 없는 곳이다. 사고가 나면 잔해물과 시체가 드러나기 마련이다. 거센 물결과 밀물에 떠밀려 가까운 신흥리 연안으로 대부분 들어왔으리라.

시체가 드러날 때마다 지금처럼 원인을 파악할 수 있는 시대였다면 한결 정신적으로 가벼웠을까. 면밀한 관찰보다 미신을 의지하던 시대였다. 원인을 확인할 마음의 여유가 없을 정도로 각박한 농경사회였다.

바다는 밀물과 썰물에도 변화가 다가온다. 바람 방향에 따라 다르게 나타나기도 한다. 계절과 기후에 따라 다양하게 나타나는 곳이 바다가 아닌가. 기후와 과정을 파악하기에는 너무나 어수선하면서 먼 옛날이야기다. 자료에 설명하고 있는 것처럼 큰 집게발로 먼 바다에 떠다니는 흉물들을 집어 온다는 역설이 나돌기 시작했으리라.

모호한 이야기라고 확인하지도 않고 그대로 믿게 된다. 역설이 온 마을에 퍼지면서 위험한 둔덕으로 변신했으리라.

특히 입에서 입으로 전하던 시대이기에 좋은 일이든 나쁜 이야기든 한번 의식하기 시작하면 전염병처럼 퍼지는 시대였다. 서로 흉흉한 사건으로 받아들이게 된다. 얼마나 공포에 질렸으면 우주의 법칙에 반발하고 싶은 충동이 일어났을까. 마을 사람들의 마음을 모아 나쁜 기운이 들어오는 바다 길목 양쪽에 풍수지리로 탑을 세우게 된다. 지금까지 자리 잡고 있는 방사탑이다.

거친 파도가 수없이 달려와 부딪쳐도 부동해 있는 탑이다. 세우는 길이 천기를 거스른다는 걸 믿음으로 세우게 된 것 같다. 모르면 무조건 시도하지만, 나이 순서를 정하고 탑을 쌓았다는 자료가 있다. 위험한 줄 알면서도 나이 많은 분이 희생정신으로 맨 먼저 주춧돌을 놓았다. 그 위에 나이 차례대로 원으로 쌓아 올라가면서 특색 있는 마을 상징물로 탄생되었다.

우주의 법칙 앞에서 목숨까지 내놓는다는 심정으로 긴장하며 정성껏 완성한 형상이기에 얼마나 소중했을까. 왜구들까지 들어오면서 어수선한 시대의 고난 속에서 방사탑이 중심이 되었으리라. 일이 생기면 마을의 안녕과 안전을 기원하게 된다. 개개인도 수호신처럼 의지하며 힘든 시대를 극복하던 탑이었다.

공동생활에서 정신적 지주로 삼던 현무암의 방사탑은 지금 보아도 투박하면서 정교하고 안정된 모습으로 다가온다. 다른 물질과 달리 영구적인 수명을 지닌 돌탑은 많은 역사의 소용돌이를 품고 있다. 강건하게 지탱한 자태에 반해서 일부러 찾아가게 한다.

호기심과 의문이 많은 후손들이 보고 느끼는 마음 따라 질문하기 시작하면서 대대로 전해지던 탑이 아니었나 싶다. 아무리 대단한 가치를 지닌 역사도 형태나 설명이 없다면 저절로 사라질 수밖에 없다.

마을 사람들은 선조들이 남겨놓은 문화를 세월 따라 흘려 보내지 않았다. 대대로 보수하고 또 세우며 공동체의 삶을 이어온 정성과 의지가 덧보인다. 맨 위에 솟아나게 쌓은 탑은 남성을 상징하고 있다. 솟아나지 않게 산처럼 쌓은 탑은 여성을 상징하였단다. 오늘날의 시선으로 보면 우리 제주의 현무암의 가치로 방사탑을 쌓고 어수선한 시대를 달래던 지주처럼 당당하게 보인다. 시대에 띠라 마을의 상징물이 되면서 관광객을 끌어들이고 있었다.

다양한 도구

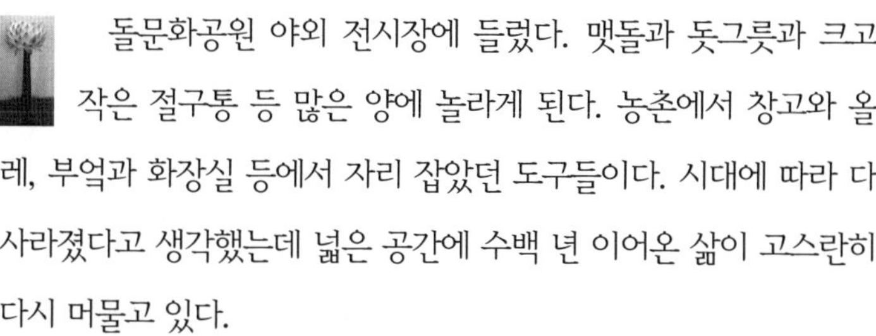

돌문화공원 야외 전시장에 들렀다. 맷돌과 돗그릇과 크고 작은 절구통 등 많은 양에 놀라게 된다. 농촌에서 창고와 올레, 부엌과 화장실 등에서 자리 잡았던 도구들이다. 시대에 따라 다 사라졌다고 생각했는데 넓은 공간에 수백 년 이어온 삶이 고스란히 다시 머물고 있다.

쇠처럼 매끈하지는 않지만, 송송 난 구멍이 투박하면서도 언제 어디서 보아도 정겹다. 인간이 내부 열을 내포하면서 잘못 다루다 밖으로 드러난 마마 자국과 같다. 드러난 자국은 생존하기까지는 숨길 수 없는 삶의 흔적이다. 돌의 구멍도 누군가 석분으로 갈아 사용하기 전까지는 영원히 머물게 되는 소산물이다.

선조로부터 생활 도구로 사용하기 위해 만든 도구다. 인간의 삶과 변화로 외면하고 무관심하면서 까마득히 잊고 살았다. 정성껏 간직하지도 않았는데 조금의 변화도 없이 원형을 지니고 있다. 제주의 거친 비바람과 뙤약볕에 두어도 변함없이 존재감이 나타나고 있다. 돌이라는 재료가 아니면 부서지거나 쇠퇴해서 삶에 따라 쓰레기처럼 파묻혀 버렸으리라. 영원함을 지닌 재료이기에 수백 년이 지나도 삶의 애환을 간직하고 제주의 역사처럼 펼치고 있다. 아직도 가늠할 수 없는 묵중함에 대한 가치가 느껴지면서 다가가는 나를 압도하는 것만 같다. 제주 현무암은 장인의 손길이 닿으면 큰 연자방아에서부터 다양한 형상으로 살려낸다. 작으면 작은 대로 돌하르방에서부터 무엇이든지 만들어낼 수 있는 자원이다. 강하면서 오래 견디기에 수없이 사용하거나 다양하게 가공하며 늘 인간의 일상에서 없어서는 안 되는 돌 도구들이었다.

시대에 따라 편리하고 간단한 도구들이 나오기 시작했다. 이전에 돌 도구들은 이곳저곳에 방치하면서 오히려 거추장스러운 물건으로 외면하였다. 시대에 따라 같이 흘러 보내는 사람이 대부분이었다. 그중에 지나간 세월의 가치를 붙잡기라도 하듯 도구들을 수집하고 돌문화 공원에서 고스란히 집합해 놓았다.

광범위하면서 넓은 돌문화 공원을 한 바퀴 돌고 있노라니 돌의 가치를 재현하기 위해 오래전부터 설계하여 왔다는 걸 알게 되었다. 돌의 견고함에 비유할 수 있는 재료가 있을까. 쇠는 강해서 돌을 산

산조각 낼 수는 있지만 시기가 지나면 저절로 부식되면서 부서지고 만다. 그에 비해 돌의 수명은 몇 만 년이 지나도 우리 곁에 머물러서 무한하다는 걸 당당하게 설명하고 있다.

제주의 현무암은 어떠한 작품으로 만들어도 태초로부터 이어온 구멍은 사라지지 않는다. 인위적으로 난무한 시대에서 자연석을 가공해도 언제 어디서나 원형의 가치만은 지니고 태어난다.

불과 사십여 년 전까지만 하여도 사용하던 도구들이다. 진열하고 간직한 모습들이 정말 정겹다. 많은 도구와 형상 앞에서 함께하면서도 그곳을 벗어나려니까 허전한 마음이 밀려온다. 이유를 생각하다 보니 강하고 녹슬지 않기에 영원히 이용할 수 있는 연자방아와 맷돌도 있다. 아무리 많아도 가치를 재현해 놓은 곳이 없다는 아쉬움이었다. 쌀 대신 태초의 원석에 품었던 물질이 썩어서 나타난 모래를 이용해서라도 재연하는 학습장을 마련할 수는 없었을까.

가능하다면 구세대는 지난날 공동체 삶을 되살리며 완미하는 시간으로 삼았으리라. 신세대는 과거의 삶을 현재와 음미하게 된다. 몇만 년 전에 나타난 '돌의 수명과 가치를 생각하면서 삶을 키워가는 장소로 이어갔으면.' 하고 스스로 긍정적인 상상을 하며 아쉬웠던 마음을 채워본다

바다의 원담

옛 어른들은 바다에서 수확을 올릴 때마다 바다밭이라고 하였다. 섬 전체 해변마다 돌이 지천에 깔려있다. 멀리서 시각적으로 그저 있다고 생각하며 보는 것과 다르다. 강하게 불어닥치는 거친 파도를 품고 어린 어종들의 안식처 역할을 하고 있다. 수심이 낮은 곳이나 모래 바닥에 여기저기 흩어진 바위나 갖가지 암석들은 보말과 게, 해초 등이 서식한다.

유년시절 깊은 바다에 들어갔던 날들을 떠올리면 용암이 흐르면서 저절로 생긴 틈 사이에 다양한 해초들이 서식한다. 해초를 먹고 살아가는 다양한 해산물들이 암석을 의지해서 서식하고 있다. 수억년 전 화산탄으로 최초에 돌이라는 물체가 지상에 탄생했기에 알맞은 어종과 해초가 진화해 왔으리라.

옛 어른들 삶을 되돌아보게 된다. 땅에서 곡식이 자라듯 바다의 암석과 바위에서 해산물과 해초가 서식하는 이치를 알고 행하였던 것 같다. 평생 바다를 접하면서 시대에 따라 의례적 행사처럼 대중이 선호하는 미역과 우뭇가사리 등 채취하는 날과 계절을 정하였다.

완전히 키워서 밭에 나는 곡식처럼 한꺼번에 많은 수확을 올릴 때마다 바다밭이라고 했다. 말을 듣고 있던 어린 나는 '어른들은 말도 잘 지어낸다고' 생각했다. 이제 와 의미를 찾아 생각하다보면 사람들은 밭처럼 시기와 때를 이용해서 해초가 완전히 자라면 채취하는 시기를 정하였다. 아무리 넓고 깊은 바다지만 자유자재로 다루던 삶이었다. 지천에 있는 돌을 보면서 밀물과 썰물의 이치를 이용해서 원담을 개발한 생각이 얼마나 대단한가.

사면이 바다인 해안선 곳곳에 널려있는 재료로 입지가 적당한 곳에 나지막한 겹담을 2미터 넓이로 쌓았다. 몇 십 평에서 몇 백 평까지 대부분 밭 모양으로 쌓았다. 지역에 따라 원담과 갯담, 돌 그물로 통하고 있다.

생선을 가지고 와서 남편과 술 마시며 덤장에 고기가 안 든다는 고난을 이야기하다, 생선이 넘쳐나던 원담 이야기로 이어진다. 밀물 따라 들어오던 생선들이 원담 안으로 들어간다. 썰물에 미처 빠져나가지 못한 멸치와 다양한 생선과 물이 반이던 시대가 있었단다. 특별한 기술도 필요 없이 뜰망으로 떠올렸다고 한다. 솟구치는 고기의 활력만큼 마을 사람들도 열의가 대단해서 동참하면 누구나 같이 분배하였단다.

시대에 따라 나일론 그물이 나오면서 고기들이 서식하는 곳마다 배로 찾아다니며 크고 작은 고기를 포획하기 시작했다. 덩달아 공동체 삶마저 무너져 개인주의로 치닫는 현실이 되어 버렸다. 각종 어종들이 줄어들면서 원담에 들어오는 생선이 줄어들면서 저절로 무용지물이 될 수밖에 없었으리라. 유년 시절까지 바다에 다녔지만 우리 마을에는 없었던 일상이다. 듣다보니 빨리 만나고 싶은 충동이 파도처럼 일렁인다.

원담을 설명하던 어부가 사는 신촌리 정류장에 내렸다. 초등학교 옆으로 내려가니 바다가 나왔다. 해안 따라 양쪽으로 찾아가 보니 현무암으로 시설한 원담이 동서로 두 개나 자리 잡았다. 긴 세월 거친 강풍에 무너져도 본래의 원형을 지탱하고 있다. 반영구적인 재료이기에 무너져도 원형은 사라지지 않았기에 보수하던 흔적이 보인다.

매끈한 먹돌은 서로 지탱하지 못한다. 표면이 거칠고 영구적인 현무암으로 서로 맞물려 쌓으며 주춧돌을 놓았다. 몇 백 년이 지난 지금에 와서도 지난날의 삶을 엿볼 수 있는 탁월한 창조물로 선 보이고 있다.

돌은 무겁고 거친 표면이 아무리 강한 태풍과 물살에도 떠내려가거나 날아가지 않는 자력이 숨어있다. 어떤 수명과도 비교할 수 없는 수억 년 전 제주 섬과 같이 탄생한 소산물이다. 긴 역사의 가치를 지닌 재료이기에 반평생 모르고 살아온 이에게도 원담의 가치를 보고 생각하게 하여 준다.

인간이 필요할 때마다 사용하고 바다와 육지 어디에 버려도 원형을 지탱하는 현무암이다. 사용하면서 남긴 흔적들이 과거와 현재를 이어 생각하다 미래를 내다보게 하는 제주의 자원이었다. 보고만 있어도 늘 생각하게 하는 돌의 가치는 언제쯤 다 파악할 수 있을까. 견고한 가치를 전문가들이 새롭게 이용하는 방법을 찾는다면 그때는 다 드러날 수 있으려나.

현무암의 성역

하도에 자리 잡은 '별방진' 성곽 위에 올라섰습니다. 끝에서 끝이 잘 안 보이고 크기를 가늠할 수 없을 만큼 거대한 성입니다. 자료에 의하면 둘레는 2,390척이고 높이는 7척, 넓이는 4척이랍니다. 그 성에 들어간 돌의 양은 얼마나 될까요. 생각하다 보니 당시는 상상을 초월한 양이 아니었나 싶었습니다.

왜구가 들어오던 당시는 차는 물론 마차도 제대로 없는 시대였습니다. 많은 돌을 어디에서 어떻게 충당하였을까요. 아무리 제주에 흔한 돌이라지만 필요한 부분마다 돌을 옮기려면 얼마나 많은 인력이 필요했을까요. 농산물을 등짐으로 나르던 세대는 어마어마한 인력이 필요한 양이라는 걸 짐작하게 됩니다. 돌에 숭숭 나있는 구멍은 정이 많은 사람끼리 보듬은 것처럼 맞물리기 좋은 현무암입니다. 비슷한 크기로 수없이 다듬으면서 완성한 성은 너무나 정교합니다.

일 년에 한 번 곡식과 채소를 심어 자급자족하던 시대였습니다. 자연재해 태풍으로 농사를 망치면 일 년 양식은 고스란히 사라집니다. 다음해 농사를 짓고 곡식이 생산될 때까지 대처하던 것은 해초와 나무껍질로 연명하였답니다. 성을 쌓던 해에 심한 흉년이 닥쳤다지요. 허기에 시달리는데 우도 부근에서 왜구들이 본섬을 호시탐탐 노릴 때마다 대항하려면 얼마나 암담했을까요. 수백 년 지나서 짧은 자료만으로 당시 배고프고 힘들었던 사건과 상황을 다 읽어낼 수는 없을 겁니다.

성벽을 쌓던 부역 장정들은 잘 먹어야 합니다. 요즘 시대처럼 육식도 별로 없고 해마다 곡식을 저장해서 보충할 수도 없는 시대였습니다. 빈곤한 상황에서 굶주림에 시달리면서도 성을 완성해야 한다는 의지가 얼마나 강했을까요. 배가 고파 참고 견디다 서로 몰래 인분을 먹으면서도 포기하지 않고 성을 쌓았답니다. 인분을 먹었다면 신체 내부에 독성을 유발하며 병을 자초하게 됩니다. 허기진데 병까지 겹친다면 환각상태에 이르지 않았을까요. 자료에는 없지만 죽어나가는 시체들이 고깃덩어리로 착각하지는 않았을까요. 상상만 해도 가슴이 아픕니다.

어떤 고통이라도 참을 수 있지만 배고픈 고통은 아무리 견디려고 해도 힘이 빠지면서 마음과 정신이 함께 무너집니다. 정신이 혼미해서 열의가 사라져 자연적 의식을 잃으며 모든 걸 포기하게 됩니다. 최악의 환경에서도 왜구들이 갑자기 엄습해 오면 긴박감이 감돌면서 정신이 되살아났을까요. 그 원동력은 어디에서 나왔을까요. 지금은 상상도 할 수 없는 어려운 상황을 뛰어넘어 당당하게 왜구들의 침입을 막으며 쌓은 성이었습니다.

제주 곳곳에서 시대에 따라 혼신을 다한 분들이 계셨기에 대를 이어 부족함 없이 아름다운 섬으로 거듭나고 있습니다. 거기까지 생각하다 보니 조상님들이 혼신을 다하여 목숨을 바치며 마무리한 성을 밟고 올라서 있는 것도 미안합니다.

당시에 비해 이 시대는 차고 넘치는 것은 분명합니다. 하지만 세월이 갈수록 대단하다고 감탄하던 개발도 한 세대를 넘기지 못하고 무너지고 있습니다. 현실에 비하면 몇 백 년이 지나도 안전감을 주면서 역사의 혼과 땀이 배인 현무암의 성에서 빠름과 느림의 일상을 생각하게 합니다.

당시의 애환과 정신은 비석에 새겨져 긴 세월 한 없이 후손들을 기다리고 있었습니다. 육십대가 되어야 마주한 나는 유적지를 제대로 답사하지 못한 삶 자체가 그제야 앞에 서게 된 것 같습니다. 도민으로서 늦었지만 피와 땀이 담긴 역사가 존재하고 있다는 걸 알게 된 것만으로도 다행이라고 생각해 봅니다.

수필아카데미에서 동행한 이 선생은 당시 조상의 피를 이어받아 같은 마을에 태어난 자부심이 대단합니다. 그 시대 조상님들을 대변이라도 하듯 열변으로 설명하였기에 더욱더 실감이 났습니다.

석공들의 기술로 쌓았을까요. 외부와 내부가 똑같이 너무나 정교합니다. 오백여 년이 지나도 왜구들이 들어오던 바다를 향해 당당하게 자리를 지키고 있습니다. 총 폭탄에도 무너지지 않을 것 같은 견고한 성벽입니다. 보고만 있어도 제주의 현무암을 제대로 이용한 가치가 녹아나 크고 웅장한 기를 후손들에게 아직도 설명하는 것 같습니다.

왜구들에게 화살을 날리며 대항하던 함성이 현무암 숨구멍마다 잠재되어 타원형으로 서로 감싸고 있습니다. 당시 과정을 가득 채웠다는 듯, 찾아가는 후손들에게 지나간 역사를 한없이 펼쳐보라는 자료로 다가옵니다.

구멍난 돌

결혼하고 몇 개월이 지났다. 나보다 일 년 먼저 시집간 친구가 "인생 선배에게 신고도 안 하고 산다."며 찾아왔다. "네가 왜 이 농촌에 사니." "비록 농촌에 살고 있지만 도시에서 하던 수예를 놓고 있잖니." "그래 너 잘났다." 한마디씩 주고받는 것으로 인사를 대신했다.

정말 오랜만에 만난 친구와 유년시절 활기차게 함께하던 일상을 한참 풀어놓았다. 친구가 일어서며 "너 사는 것 보았으니 내가 사는 것도 보아야 한다."며 손을 이끌었다. 한참 가던 친구가 "바닷가에 구멍 난 돌 구경했니?" "아니다. 너희 집에는 다음에 가고 오늘은 그곳으로 가자구나." 하자 서로 망설임도 없이 유년시절로 되돌아간 것처럼 손잡고 달렸다.

오랜만에 맞이한 해안도로에 들어서자 바다의 향이 너무나 상쾌

하다. 양팔을 벌려 한참 달리다보니 구멍난돌이 나타난다. 바닷가에 뿌리내린 바위는 크고 높으면서 구멍도 넓었다. 저 바위는 언제부터 저기에 서 있었을까. 누군가 세워 놓았나 싶어 살펴보니 자연적으로 세워진 형상이었다.

나란히 앉아 깊이 생각할 때 친구가 내 어깨를 툭 쳤다. "무슨 생각을 그리하니?" "응, 저 구멍난돌을 보고 있노라니 지금의 내 처지와 비슷하다는 생각을 하고 있었단다." "야, 돌과 사람을 어떻게 비교할 수가 있니?" 한다. 친구 대답에 내가 느끼던 마음이 갑자기 어색해서 "그러게 말이다." 하고 대답하고 나니 의문의 여운만 감돌았다.

결혼하면서 지역과 환경이 달라서 동양자수를 원없이 펼쳐보겠다던 꿈은 접게 되었다. 오직 시집이라는 굴레에 가려 말도 제대로 못하고 수예는 하고 있지만 파도처럼 밀려오는 일상이 이어진다. 내 의지와 달리 받아들이며 견디고 살 뿐이다. 주어진 환경에 적응하노라니 그때까지 살아온 삶은 수면 밑으로 가라앉는다.

구멍난 돌은 자기 의지와 달리 바다의 풍파를 받아들여야만 하는 숙명처럼 그 자리에 서 있다. 부동의 모습이 앞으로 나아갈 수도 뒤로 물러설 수도 없는 내 처지와 비슷하다는 생각이 들었다. 파도가 아무리 자신을 내몰아쳐도 꼼짝없이 그 자리에 서 있어야 하니 얼마나 아프고 답답할까.

거친 파도 앞에서도 피하지 않고 변함없이 부동해 있는 바위다. 태초의 화산 폭발로 형성된 자존의 위력을 발휘하듯 당당하게 서 있다. 수억 년 동안 하루에도 수없이 밀려와 부딪치는 파도를 무방비 상태로 받아들인다. 그 바위 앞에 서면 내 자신이 작아진다.

쉬지 않고 밀려오는 거친 파도가 구멍난돌을 한꺼번에 삼키려는 듯 맨 꼭대기까지 덮치고 되돌아가는 모습을 보았다. 아무리 깊고 넓은 바다의 거친 파도일지라도 이 세상의 모든 것을 다 삼켜버릴 수는 없으리라. 저 파도의 풍화작용이 바다와 세상을 모두 뒤집지 못하듯. 삶의 아무리 힘들고 어려워도 나의 정신까지 압도하지는 못하리라.

아무리 어려워도 당당하게 살아온 삶의 균형이 무너지는 것 같음을 느낄 때 구망난돌이 떠올랐다. 파도가 바위에 부딪치는 강도에 삶의 번뇌도 같이 부서졌으면 하는 마음으로 다급하게 달려갔다. 마주하자마자 피할 여유도 없이 때마침 달려온 거친 파도가 온몸으로 부딪쳤다. 바위 앞에 주저앉아 구멍으로 이어서 달려오는 파도를 피하지 않았다. 저 멀리 수평선에서 어렴풋이 '지엄한 삶이란 누군가에게 의지하는 게 아니라 스스로 풀어야 한다.'는 냉엄한 목소리가 들리는 것 같다. 자신과 싸우던 날, 더이상 무너지기 전에 메아리처럼 붙잡고 삶의 끈으로 이어가려는 내 마음의 소리였을까.

세월이 얼마나 지났을까. 사찰에 다니며 보리수나무 아래에서 온갖 유혹과 극심한 고행이 이어져도 미동도 하지 않던 부처님의 생애를 배웠다. 금강석보다 굳센 의지로 성불하시던 부처님이다. 세상의 모든 고난을 뛰어넘어서 세상에 다시없는 성인이 되었다. 돌아가시기 전에 남기신 법문은 배우면 배울수록 자신은 조그마한 자아성찰도 이루지 못한 어리석은 중생이었다. 거친 파도에도 꼼짝없이 자신의 모습을 지켜가는 구멍난돌보다도 못한 존재로 다가온다.

오래된 바위는 세월의 섭리에 따라 서서히 본연의 실체를 설명하듯 균열이 생기고 있다. 언제까지 원형을 지탱할 수는 없으리라. 아무리 굳은 형체라도 세월 앞에서는 변화가 온다는 걸 일깨워 준다. 흘러가는 세월 속에서 인생과 세상도 변하고 있다. 느끼면서도 또 다른 인연의 고리로 이어가는 삶에 들어섰다. 벗어나면 안 되는 울타리처럼 높이를 생각하다 보면 더욱더 수렁으로 깊숙하게 밀어 놓는다.

세월이 가면서 친구와 마주하던 구멍난돌은 나에게는 이미 자비의 상징으로 다가온다. 고난을 느끼다가 바닷가 석불을 생각하다보면 마음은 이미 그 곳으로 달려가고 있다. 부처님의 존엄함이 거친 파도로 달려와 복잡한 일상들은 파도에 부서지며 되돌아가는 파도에 떠밀려 시원하게 흩어진다. 비록 바위지만 한동안 자비의 상징으로 삼으며 정신적으로 함께하던 석불이 되었다.

2부

가버린 세월

덜 걷힌 안개

태극기

새천년을 맞던 날

가버린 세월

긴장된 새벽

시할아버지 49재

덜 걷힌 안개

몇 년 전 사월입니다. 함덕리에서 애국선열기념비 개막식을 가졌습니다. 삼월 중순부터 한 많은 영혼의 눈물처럼 계속 내리던 비가 그 날을 맞이하면서 멈추는 게 아니겠습니까. 나라를 빼앗기면서 상대 나라 논리에 따라야만 하는 세월이 암흑 속 시대가 아니었을까요. 나라끼리 지켜야 할 법을 무시하고 개개인이 지녀야 할 마음과 감정마저 빼앗아 가면서 겁을 주려고 민초들을 희생물로 삼았다지요.

안개에 가리듯 온 나라 국민들을 분단시켜 놓고 서로 죽이고 죽게 처리하는 처벌의 설움에 북받치는 감정을 드러낼 수도 없는 시대였습니다. 견디다 못해 드러내면 그 자리에서 총칼에 쓰러져 간 수많은 영혼들을 어떻게 다 글로 설명할 수가 있겠습니까.

반발하고 싶어도 얼마나 잔인했으면 숨죽이고 끌려 다녀야만 했을까요. 일상생활까지 그들의 기준으로 박탈당하면서 생존하기가 어려웠답니다. 그렇게 압박해도 정신만은 굴하지 않았지요. 오직 그들의 만행 속에서도 뜨거운 불꽃처럼 치솟는 애국이란 정신만은 감추지 못했을 겁니다.

무고한 양민들을 총살하라고 명령하지만 불문에 붙이거나 거짓으로 도움을 주다가 함께 죽을 수도 있는 상황이었습니다. 같은 피가 흐르는 정감에 책임감으로 뛰어든 이들이 계셨기에 위기를 넘긴 분들이 많았답니다.

시대 흐름에 따라 말없이 국정침탈에 항거하면서 생존권을 되찾는 신명을 바치는 애국정신만은 붙들고 있던 이들이 얼마나 대단합니까. 긴장감이 맴도는 어려움 속에서도 나라와 국민들을 먼저 생각하는 마음이 단단한 연결고리처럼 이어왔습니다. 끈끈한 바탕을 삼아 나라를 되찾는 문이 조금씩 열리기 시작하지 않았을까요.

독립운동에 가담해 선봉에서 시위를 하던 모습이 이 나라에서는 용감한 아들이었습니다. 하지만 일경에게 연행되면 오히려 불순분자로 몰려 옥고를 치르면서 옥사에서 서거하던 분들이 얼마나 많았습니까. 숭고한 정신들을 나라의 밑바탕으로 삼아 오늘날 열정으로 이끌어 가는 데 많은 도움이 되었다고 생각합니다.

타국에서 열사의 시신이 고향에 돌아오자 수십 장의 만사 행렬로 장례를 지냈답니다. 뜨거운 마음으로 비문을 세운 정성마저 일경은 받아들이지 않았다지요. 오히려 죽음을 위로하던 친구들을 죽음으로 이끌어갑니다. 비운의 운명으로 남긴 역사는 대대로 내려오며 전달 받고 있습니다. 이렇게 파란만장한 역사를 읽고 느끼면서도 일본군의 지나친 행위에 실화가 아니라 꿈을 꾸고 있는 것 같습니다.

만행이 계속되면서 참다 못한 분들이 일본제국에 항거하기 위해 결사대를 결성합니다. 야학생으로 모집한 여성들에게 민족의 역사를 가르치는 열성 앞에서도 일제에 항거한 죄라며 잡혀가게 됩니다. 옥고에서 혹독한 고문으로 순직한 분도 있습니다.

육십 년이란 세월이 넘어가면서도 아직도 덜 걷힌 안개처럼 막연하게 흘러가고 있습니다. 답답한 안개를 걷어내려는 노력일까요. 마을 이장이 중심이 되면서 관과 지역의원까지 지원하고 뜻을 모아 고도의 솜씨로 이름마다 비문을 정성껏 새겨 완성하였습니다. 이구 이전에 사무실 마당에 세워 수백여 명이 모인 자리에서 엄숙하게 높은 뜻을 되새기는 날로 삼았습니다. 비문으로 자라나는 세대들에게 올바른 역사의식과 숭고한 희생정신을 배우는 현장학습장으로 거듭나기를 기대하게 됩니다. 더욱더 강한 의지로 키워갈 후손들에게 정성껏 마련한 울림의 메시지가 담겨져 있습니다.

'어려운 시대와 맞서 장렬한 아픔을 안고 떠나간 영혼들이시여!

너무나 많이 성장한 이 시대를 살다 간 후손들과 서로 만날 수 있는 기회가 있을까요. 당신들의 뜻을 정성껏 마련한 모습을 보고 간 그들로 하여금 메아리로나마 전달이 되었으면 합니다. 들으면서 무거운 마음은 다 내려놓고 이제는 편히 잠드시옵소서.' 하고 지켜보며 간절한 마음으로 묵념하여 봅니다.

태극기

수년 전입니다. 유월 어느 날 정류장에 서 있을 때였습니다. 국기를 실은 차에서 내린 이가 재빠르게 전봇대와 각 가정의 대문 옆에 국기를 꽂았습니다. 그 모습을 보면서 예전과 달리 국경일이 돌아와도 무심코 지내는 자신을 의식하게 됩니다.

몇 년 전 어느 날 새벽에 국기를 달려고 대문 밖에 나갔는데 이미 우리 국기보다 크면서 새 것으로 단단하게 고정되어 펄럭이고 있었습니다. '누가 언제 설치해 놓았지?' 하고 의문을 안고 알 만한 사무실에 전화로 확인하게 되었습니다. 도로변 가구에 설치했다는 말을 들으며 왠지 삶의 일부를 빼앗긴 묘한 감정이 일어납니다. 그렇게 설치한 이유를 물어보려다가 오죽했으면 그런 방법을 택했을까, 싶은 마음도 동시에 스쳐지나갑니다.

수십 년 전, 우리 가족이 지금 사는 집으로 이사 오는 해였습니다

다. 국경일이 돌아오기 며칠 전부터 신문 방송에서 국기 달기 홍보를 합니다. 당시 출장소 직원들은 어김없이 집집마다 다니며 “국기 다는 날입니다.” 하고 새벽을 깨웠습니다.

나는 자영업을 하기에 일찍 일어나 달거나 깜빡 잊은 날이면 그 직원들에게 미안해서 하던 일을 멈추고 국기를 먼저 게양하곤 했습니다. 그들은 수고한다는 인사와 함께 국기 단 것을 고마워합니다. ‘할일을 했을 뿐이라고’ 하면 “아직도 인식이 안 된 분들이 많아서요.” 하며 수년 임무를 수행하던 직원들이 떠오릅니다.

지금 우리나라가 이렇게 풍요로운 시대를 맞이하기까지 얼마나 파란만장했던 사건이 많았던가요. 특히 일본에게 빼앗긴 나라를 되찾기 위해 처절한 항쟁을 하다가 돌아가신 분들도 얼마나 많았습니까. 오직 민족과 나라가 존속하기를 바라는 마음으로 숭고한 희생정신으로 싸우다 가신 분도 많습니다. 그렇게 희생한 분들이 계셨기에 온 국민이 압박과 서러움에서 벗어나 평화롭게 살아가고 있습니다.

보답으로 온 국민이 추념식마다 참여하지는 못하더라도 가정마다 국기를 게양하고 잠시 ‘장렬하게 돌아가신 영령들이시여! 저승에서나마 편히 안주 하십시오’ 하고 묵념까지 해도 2분이면 충분합니다. 그 짧은 시간 앞에서 이런저런 개개인의 이유를 내세운다는 것은 너무나 부끄러운 변명이 아닌가요.

나라와 국민은 톱니바퀴처럼 맞물려 순조롭게 돌아가야만 하는 필연적인 관계임을 이미 일어났던 사건들이 설명하고 있습니다. 대부분의 국민들이 당시 가신 임들의 마음을 가슴에 새기던 초심에서 점점 멀어지는 어느 해였습니다. 가정마다 방문해서 국기를 잘 게양하기를 바라며 공짜로 주던 단체도 있었습니다.

알게 모르게 사방에서 애쓰는데도 온 국민의 국기 게양 인식이 제대로 자리 잡지 않아서 각 시와 읍면 공무원들이 직접 게양하고 있는지 모릅니다. 나라를 위해 돌아가신 영혼들에게 국민의 도리로 국기 게양을 외면하는 현실이 괜히 서글퍼집니다.

아니, 이젠 불안합니다. 나라마다 더욱더 강한 무기를 계속 개발하고 있다는 걸 방송을 통해서 보고 들어서일까요. 이런 현실을 살아가면서도 기념일에 파란만장했던 역사를 아파하면서도 그 날이 지나면 나와 무관한 역사처럼 잊고 살게 됩니다.

아픔과 슬픔이 많은 보훈의 달을 맞이하여 경건한 마음으로 가신 분들과 살아가는 시대를 다시 한 번 생각해 봅니다. 우리나라는 한다면 하는 국민입니다. 생각이 꼬리를 물고 이어지다 가정마다 국경일이나 추념일마다 온 나라가 태극기 물결로 일렁이는 모습을 상상하게 됩니다. 자랑스러운 국민들답게 새롭게 거듭나는 생각을 마음껏 하다 보면 마음이 편하게 다가옵니다.

새천년을 맞던 날

지난 천년이 저물어 간다. 넘어가는 천년을 붙잡기라도 하듯, 개개인이 아쉬워하는 12월이다. 21세기를 위한 축제를 하기 위하여 지구촌 곳곳에서 야단이다. 나름대로의 각 나라의 장기와 다양한 옷으로 개성을 살려서 축제를 예고하는 모습을 텔레비전을 통해 보게 된다. 전 세계의 특성을 살린 모습들이 정말 화려하다.

우리나라에서도 남쪽 끝 제주도 성산 일출제에서부터 북쪽 임진강에 이르기까지 특별한 산이 있는 곳이면 사방에서 축제를 알린다. 우리 마을에서도 주민간의 대화합의 장을 마련하기 위하여 서우봉 일출제를 마련한다고 한다.

가게를 운영하면서 외상값 다 정리하고, 없는 물건 채우고 늦은 시간까지 마무리하였다. 남편 사업을 도우면서 다른 해와 마찬가지로 한 해를 마무리했다는 행복감에 젖어 있었다. 주위에서는 해마다 연휴를 알차게 보내기 위하여 관광이나 놀러 갈 계획을 세운다.

새천년 첫 날에 나는 '어떻게 맞이하고 어떤 마음으로 보내야 할까.' 하고 생각하다 보면 사소한 일상이 걸리는 게 너무 많아 제대로 된 계획을 세우기가 어렵다. 연휴 동안 생각해둔 주제로 다루며 글을 쓰기 위해 욕심 내어 본다. 막상 쓰고자 했던 주제는 뭔가에 강하게 부딪친 것처럼 멍하니 아무것도 떠오르지가 않는다. 저녁때 커피를 진하게 한 잔 탔다. 피어오르는 커피 향기에 취해 한참 생각에 빠졌다. 향기와 온기가 사라질 때쯤 다른 방에서 텔레비전 소리가 들리면서 멍해진 이유가 다가온다.

지금까지는 목표가 정해지면 주위에 어떠한 일이 있어도 동요하지 않고 사소한 것이라도 마무리해야 한다는 마음으로 살아왔다. 천년이 넘어가는 경계선에 접어들면서 세계적인 방송이 펼쳐지고 있다. 관심을 두면서도 천년에 못다 한 개인적인 작품에 집중하려는 자신을 의식하게 되었다.

20세기를 마감하고 새천년이 바로 눈앞에 다가왔다. 뚜렷하게 나아갈 길이 없는데 흐르는 강물처럼 '흘러가버리면 어쩌나' 하는 마음이 남은 20세기를 붙잡기라도 하려는 듯 매달리고 있었던 것이다. 그제야 개인적인 생각에서 벗어나 21세기로 당기는 밤을 함께해야 한다는 마음이 솟구친다.

세계가 술렁이고 있는 텔레비전 앞에 앉았다. 광고 방송도 아까워서 채널마다 돌리며 5대양 6대주가 같은 뜻을 가지고 이루려는 축제를 지켜보노라니 생각보다 너무나 거창하다.

애쓰고 고생한 수많은 분들과 투자한 만큼 전 세계인들에게 어떤 의미를 안겨 주고 있을까. 뜻도 중요하지만 웃으면 같이 웃고 즐거우면 마음껏 즐겨본다. 시간이 얼마나 지났을까. 제야의 종소리가 울린다. 눈을 감고 편한 마음속으로 숫자를 새면서 아득하게 울려 퍼지는 종소리에 집중하였다. 거창하고 의미 있는 축제를 성공시키려고 함께한 모든 나라가 한마음 한뜻을 향하고 있다.

세계화란 이름으로 다양한 개성으로, 대낮 같은 불꽃으로, 하늘 높이 솟아 올려 서로 하나가 됨을 확인한다. 용광로와 같은 열기로 '거짓과 허영, 부정과 부패'를 다 녹일 것처럼 새천 년을 힘찬 발걸음으로 내디뎠다. '사실과 정의만이 살아있는 새 천년으로 만들어 갈 수 있다.'며 온 국민이 느끼게 하는 행사였다.

환희에 들뜬 모든 사람들은 천년에 한 번 오는 기회로 삼아 서로 맞이하게 되었으리라. 이 시대에 살아 있음을 소중하게 생각하고 다짐하듯 각자 생활에 따라 기원하며 모두 기뻐하고 있음을 알 수 있다. 나도 '이것이다' 하고 뚜렷한 앞날을 세우지는 못했지만, 이천 년이란 이날, 이 순간의 정감은 순간적이 아니다. 한 국민으로서 21

세기에 동참했다는 뿌듯한 감정이 마구 솟구치며 활활 타오르는 열정이 샘솟는다.

새천년 1월 1일. 새벽에 일어났다. 어려운 경제만큼이나 쌀쌀한 것 같으면서도 어제의 열기로 포근하게 다가온다. 떡국 제를 지내고 서우봉에 올라가려다가 어제 텔레비전 본 것으로 만족하기로 하였다.

어젯밤과 달리 쓰려던 주제의식이 다가온다. 글쓰기에는 너무나 조용한 새벽이다. 책상 앞에 앉으려는데 누군가 대문을 흔든다. 바닷가에 사는 젊은 주부가 바다에 시체로 발견되었다고 하며 들어선다. 어제 TV에서 본 열기가 아직 식지 않았을까. 불쌍하다 안되었다는 마음보다 무책임하다는 생각이 먼저 든다.

개개인의 삶이 마을 전체로 이어진다. 다시 전국적으로 이어지면서 더 나아가서 전 세계로 이어진다는 걸 어제 축제에서 절실하게 느끼게 되었다. 잠시 다른 곳으로 마음을 돌리고 다스릴 마음조차 없을 만큼 절망적이었을까. 행사에 참여하여 전 세계인과 함께 빠졌다면 격한 마음을 잊고 같이 휩싸일 수도 있었으리라.

허망한 길을 선택해야만 하는 고난이 무엇이었을까. 자신도 모르게 바다로 내려가던 찰나의 순간을 멈추었다면 시간이 지나면서 절망 속에서도 희망이란 빛이 보이지 않았을까. 어제는 천년이 넘어가면서 새천년을 당기는 기운이 넘쳐나는 날이다. 전 세계인의 열기와 기운이 감돌고 있는 지상에서 어떻게 무너지는 생명이 있을 수가 있었을까.

21세기를 새로 설계하는 새해 첫날이다. 끊임없는 희망을 살려야 하는 시간도 부족하다. 제일 먼저 고통을 짊어진 여인네 이야기를 들어야만 하는 새벽이 아쉽기만 하다. 내 열의도 가라앉아 서우봉에 올라가서 '열기를 보충하고 오리라.' 생각하며 걸음을 재촉해 본다.

가버린 세월

해마다 12월 초가 되면 정토사에 갔다 오던 친구가 "승환이 엄마!" 하고 불러 나가면 불교 달력을 주고 간다. 두 개의 가게를 하기에 사방에서 들어 온 달력이 많아도 애착이 갔다. 글을 쓰다가 고개를 들어 어린 동자들의 천진스러운 웃음을 보고 있노라면 공기가 맑은 산사에 선 것처럼 마음이 평온해진다.

계절마다 특별한 채소를 심었다가 지나갈 때마다 주고 가던 그 친구의 따뜻한 마음은 끝이 없다. 같은 나이지만 서로 존중하며 말을 높이는 유일한 친구다. 아무리 바빠도 절에 다녀와야 마음이 편하다고 한다. 자원 봉사도 노인들 목욕시켜주는 일에서부터 여러 가지 찾아간다는 말을 한다. 개인적으로 생활에 지쳐서 허덕이던 나에게 많은 에너지를 쏟는 그녀를 보면서 대단하다는 생각을 하게 하였다.

남편이 가게를 하면서 경제적으로 뒷받침해주었기에 많은 활동을 할 수 있었으리라. 가끔 친구 가게에 가서 부부가 손발을 맞추어 택배 일을 처리하는 모습을 보면서 천생연분이 따로 없다는 생각을 하였다.

언제나 활동적인 그녀가 우울증으로 음독하였다는 전화를 받게 되었다. 친정어머니 기일 지내려고 시장 보다가, 혼이 나간 사람처럼 멍하니 서서 '아니야 그럴 리가 없다.' 고 부인하게 된다. 손 놓고 달려갈 처지가 아니기에 더 애가 타다. 무엇이 그렇게 부지런한 그녀를 내몰았을까. 이제 와 안다고 도움이 되었을까만, 버거우면서도 친구에게 내색 한 번 하지 않을 만큼 나와 먼 사이였을까.

도대체 우울증이 무엇이기에 봉사 활동으로 다른 사람의 삶도 행복하게 할 수 있는 일상에서도 멈추지 못하고 벗어나게 하였을까. 세월이 지나서도 나뿐만 아니라 주위의 노인들도 "그 내자가 없으니 온 동네가 텅 빈 것 같다." 며 아쉬워한다.

며칠 후 동료들과 남편에게 가서 확인해 보니 "이유라면 화장실 고친 것뿐인데 그게 원인이 될 수도 있다고 하네요." 하고 말을 흘린다. 남편으로서 얼마나 답답했으면 미신을 찾아갔을까. 그런 귀신이 이 세상에 있다면 세월을 허비하는 사람도 많은데 왜 하필이면 착하고 부지런한 친구를 데리고 간 것인가. 살아생전의 용기와 의지라면 무덤이라도 파고 나타나서 "왜 나를 가두어 놓았느냐고" 따지며 되살아날 것만 같다.

세월은 흘러 어김없이 49재 지낼 날이 돌아왔다. "지금 어디쯤 가고 있습니까? 다시는 만날 수 없는 것입니까. 그렇게 불심이 강한 분이 어쩌다 의지를 내려놓게 되었을까요. 마음과 정신이 지쳐서 잠시 쉬고 싶었던 손짓이 되돌아올 수 없는 강을 건넜을까요. 당신이 평소와 달리 흐트러진 이유를 모르기에 답답하기만 합니다. 살아있으면서도 보지도 듣지도 해결하지도 못하는 중생들이기에 49재를 의지하게 되나 봅니다. 이승과 그 세계는 무엇이 다른가요. 이승에서 열심히 사셨기에 저승에서는 편히 안주하기를 기원합니다." 하고 절하며 내가 하고자 하는 말만 하다가 당신의 대답을 듣지 못했습니다. 아니 들을 수 없기에 다시 나름대로 생각해 봅니다.

삶의 질서가 저승까지 이어진다면 아직 많은 생을 남겨두고 미리 가셨기에 노인이 많은 세계가 아닌가 싶습니다. 젊다는 이유로 그곳에서도 대접 받는 대신 심부름 하는 것은 아닌지요. 이승에서 하던 일을 저승에서도 반복하는 것이 우리네 인생인지 모르겠습니다.

'우울증이란 병이 왜 생겼을까요. 혼자 버거워하지 말고 누군가에게 의지하거나, 병원에 가서 대상과 싸우고 싶지 않았습니까? 어쩌면 생각마저도 못하게 알 수 없는 기운이 눈과 마음을 가려 평소 열의가 사라졌을까요. 이 친구는 그대로 받아들이기에는 가슴 한 구석이 너무나 아파 시립니다. 엉뚱한 생각을 하다 착각을 하고 있는 상황이라면 얼마나 좋겠습니까. 도대체 보이지 않은 힘이 얼마나 강하기에 그렇게 두루 갖춘 당신도 뛰어 넘을 수 없었던 것입니까.'

떠나간 영혼 앞에서 내가 아무리 크게 외쳐도 대답을 들을 수 없다는 걸 알면서도, 마음에 담아두기에는 너무나 버거워 절할 때마다 쏟아 놓았습니다. '세상에 태어나면 누구나 가는 길, 좀 더 빨리 갔을 뿐입니다. 이제는 이승의 인연들은 다 잊고 당신이 평소 닦아 놓은 행로를 따라가서 극락왕생하세요. 본심이 아니라 자신도 모르게 다가갔으니 부처님도 이해하지 않을까요.'

49재에 갔다 와서 당신이 준 달력을 보며 생각하고 또 생각하느라 4월 달에 머물고 있는데, 세월은 어느새 다음해 4월이 다가오고 있습니다. 이승에서 너무나 먼 천상까지 닿을지 모르겠습니다만, 내 마음을 전하고 있습니다. '세월을 보내는 동안 부지런한 당신은 이승을 넘나드는 뭔가로 환생하지는 않았을까요. 세상구경 다니는데, 나는 또 못 알아보고 살아가고 있다면 옷깃이라도 스치며 지나가세요.'

긴장된 새벽

사람이 건강하고 편하게 살기 위해 집을 짓거나 매매하려면 제일 먼저 풍수지리를 따지던 시대가 있었다. 언제부턴가 아파트 문화가 활성화되면서 이젠 터와 상관없이 싸고 잘 지은 집을 선택하는 시대로 변했다.

그와 비슷한 문화가 장례문화가 아닌가 싶다. 사람이 죽으면 제일 먼저 풍수지리를 따져 좋은 곳에 모시고자 했던 풍습은 점점 멀어지고 있다. 언제부턴가 마을 공동묘지가 생기고, 가족과 집안 공동묘지를 서로 앞다투어 마련하고 있다. 좋은 장소에 선택하는 것이 아니라 돌아가시는 순서대로 모신다. 평생 애써 살다가 오직 육신 하나 들어갈 공간에 모시는 분들에게는 작게만 느껴지던 산소였다. 그 작은 공간도 지속된다면 후손들이 사용할 땅이 줄어들어 미래를 걱정하는 단계에 왔다.

설상가상으로 세계화 물결로 점점 인구는 늘어나는 섬이 되었다. 늘어나는 만큼 죽어도 흔적 없이 사라지는 것이 아니다. 단 몇 평의 땅이라도 마련해서 모시고 벌초와 제사, 시제를 지내던 기성세대들에게는 당연한 풍습이었다.

수년 사이에 너무나 빠른 속도로 정보화시대로 달려왔다. 옛것을 제대로 접하지 못한 신세대들에게는 변화의 고비마다 기계로 다루어야 하는 문화가 힘든 일상이 되어버렸다. 핵가족이 현실로 자리잡으면서 일 년에 한두 번 하는 벌초에 참여하지 않던 자손이 늘어난다. 지금 기성세대가 저 세상으로 가고나면 사방에 흩어진 조상의 묘를 제대로 찾을 수가 없게 된다. 영혼이 있다면, 해마다 산소를 깨끗하게 단장하던 자손의 손길이 없다면 얼마나 쓸쓸할까. 일 년에 한 번이라도 시제로 대접하던 정성이 없다면 조상은 그날을 기다리지 않을까.

시대 흐름에 따라 바쁘게 살아가는 신세대들에게 기성세대들의 삶만을 강요할 수는 없는 현실이 되어 버렸다. 다행히 기성세대와 신세대가 합일을 이루고 미래까지 내다볼 수 있는 납골당의 문화가 나왔다. 화장하고 모신다면 크기에 따라 수십 분의 영혼을 모실 수 있는 새로운 문화다. 산마다 벌초를 하지 않아도 되면서 한 공간에서 모시고 제를 올릴 수 있는 시설이다.

우리 집안에 살아계신 남자 분들 중에 제일 나이가 많은 샛 시아버지 부부도 당신들 살아생전에 빠르게 변하는 장례문화를 미리 생각했던 것 같다. 마을에서 누구보다 앞선 마음으로 계승해야 한다며 납골당을 마련하셨다.

돌아가신 시할아버지에게 고조까지 벌초하던 11개의 묘들을 2006년 9월에 천묘를 하였다. 수십 년 전에 돌아가신 분들이지만 뼈만 모아 화장하는 것이 아니었다. 그날 돌아가신 분들처럼 관과 호상등으로 제대로 갖추었다.

신새벽에 시할아버지, 할머니 산소에 제물을 들고 샛시어머니를 따라갔다. 도착해서 제를 지내는 동안은 발소리는 물론 말소리와 숨소리도 줄이고 가까이 다가가 제물을 전달하고 멀리 떨어져 지켜보았다. 제를 지내고 삽질을 한 다음 파묘를 하였다. 그 과정은 다른 영혼이 깊은 잠에 빠졌을 때 조용하게 영혼을 깨우고 모셔가는 의미가 담겨져 있단다. 아주 짧은 이 십 분 정도의 시간이었지만 과정이 너무 진지하다. 조용히 움직이는 불빛을 따라다니는 그림자가 평소 깐깐한 분의 혼령으로 나타나 '제대로 실행에 옮기나.' 주시한다는 생각을 하게 한다.

두 분 중에 나중에 시할머니가 돌아가시자 처음으로 인간의 수명을 생각하게 되었다. 손자며느리와는 이승에서 겨우 십여 년 남짓 인연을 맺고 살다가 돌아가실 나이가 되는 인생이었다. 돌아가신다고 마지막이 아니다. 일 년에 제사와 명절, 벌초를 해야 한다. 돌아가시면 다시 뵙지는 못하지만 혼령이 있다는 의식으로 모시게 된다. 정성이 서로에게 단단한 인연의 고리처럼 교감하는 문화다. 누구나 죽으면 자식 또는 자손들에게 어쩔 수 없이 다양한 과정을 남기고 떠나는 인생이었다. 길지도 않은 인생을 살면서 혹독하게 군림하던 모습은 저승에서는 다 녹아났을까.

천묘하고 다시 화장한 다음 납골당에 모시고 지낼 제물을 준비하며 긴장하게 된다. 수십 년 잠들어 있던 장소와 지금은 급속도로 너무나 많은 변화를 가져온 시대가 되었다. 영혼이 존재한다면 수년 전 묻혔던 곳에서 일어나면 옛날처럼 흙과 잔디로 마무리한 곳이 아니다. 대리석의 납골당을 보면서 변화에 놀라면서도 좋아진 장소에 기뻐하며 안주하기를 기대해 본다. 처음이라 적응이 안 되면 "비가 오나 태풍이 불어도 안전한 곳입니다. 혹시 복잡한 마음 생겨도 내려놓고 편히 안주하시기 바랍니다." 저승까지 들렸으면 하는 마음으로 수없이 말하며 숭배를 하였다.

샛시아버지와 어머니가 신중하게 선택한 장소는 영혼들이 살던 지역, 대흘리 1424-2번지다. 제주의 중심인 한라산 정기가 이어지는 '명당뫼르'라는 지경이다. 집안에 모든 자손들의 마음과 뜻을 모아 한 울타리 안에 선조들을 모시는 날이다. 주손의 아내로서 비록 돌아가신 분들이지만 사후 관리에 대한 방송을 접하면서 걱정하던 부분이다. 경험이 많은 샛시아버지 부부의 정성에 따라 마무리하게 되어서 더없이 고마운 마음이 생긴다.

빠르게 변하는 시대이기에 어느 대까지 납골당의 의미가 존재할 수 있을지 예측하기는 어렵다. 아무리 시대가 변하고 유교 정신이 사라져도 이 앞으로 태어나는 후손들도 조상이 모신 곳은 찾아가기 마련이다. 번지가 있는 공원묘지에 반영구적인 납골당에 세워진 비석을 보면서 뿌리에 대한 생각을 하리라. 마음만 있으면 실행으로 이어지면서 모든 조상들에게도 같이 숭배하게 된다. 일 년에 한 번이라도 조상께 예를 올린다면 자손의 도리를 하는 길이 되리라.

시할아버지 49재

시할아버지가 돌아가셨다. 큰며느리 시어머니는 멀리 사니까 고향에 사는 나에게 소기를 하였으면 하였다. 아직 '시할머니도 살아 계시고 두 아들이 있는데 왜 손자며느리인 제가 해야 하나요?' 하고 되묻고 싶었다. 하지만 어른이 하는 말에 대답할 용기가 나지 않았다. 언젠가는 내가 해야 하니까 앞당겨 받아들이기로 했다.

장례를 마치고 집에 오면서 49재를 해야 한다고 한다. 49재라는 의미도 모르던 어린 새댁이었다. 앉혀놓고 자세히 가르쳐 주는 사람도 없다. 오직 어른들이 내린 결정에 떠 밀려가고 있었다.

친정어머니에게 의미를 물어 보았다. 49일 동안 구천을 떠도는 영혼을 좋은 곳으로 인도하는 불공 의식이라고 한다. 살아계신 분에게 하듯이 시간 맞추어 식사를 올리고 숭늉 대신 차를 올리라고 한다. 과일은 매일 새로 사다가 올리지는 못해도 항상 싱싱하게 자주 올리라고 한다. 촛불은 끼니마다 재를 지내는 것처럼 밝게 불을 붙이라고 하였다.

어머니는 쉽고 간단하게 설명하셨지만 자영업을 하는 나에게는 제 시간에 식사를 올려야 한다는 말이 제일 부담이 된다. “시간을 제대로 지키지 못하면 어떻게 되나요.?” 정성이니까 처음부터 시도하지 말라고 한다. 그만큼 정성이 부족하면 안 된다는 말씀이었다.

이미 나에게 다가온 일상을 외면할 수도 없었다. 어떻게 하여야 돌아가신 분에 대한 도리가 될까. 항상 싱싱한 과일과 꽃을 올리고 촛불은 밤낮 없이 켜 놓으리라. 끼니 대신 다른 차로 3번 올리기로 하였다. 불경 테이프 세 개 사다가 번갈아가며 반복해서 들려어드리기로 마음먹었다. 친정어머니에게 결정한 부분들을 설명하였다. “죽은 사람이 먹어 가는 것도 아니고 그 정도 정성이면 되지 않을까?” 한다.

돌아가신 지 일주일 되는 날 새벽에 나는 꿈을 꾸었다. 시할아버지가 구름 사이로 저 높은 곳으로 올라가시다가 가쁜 숨을 몰아쉬면서 나에게 밀어달라고 손짓을 한다. 너무 안타까워 밀어 드리고 싶었지만 계신 곳까지 올라가는 방법을 모르고 발을 동동 구르다가 잠에서 깨었다. 내가 결정한 정성이 부족하여서 ‘꿈에 나타났을까.’

하고 시계를 보니 준비하고 사찰에 갈 시간이다.

어슴어슴한 새벽에 '정토사'에 들어섰다. 이슬이 촉촉하게 내린 잔디를 밟는 순간 신선함이 긴장하던 내 마음이 가라앉는다. 목탁 소리를 들으면서도 어느 순간에 절을 하여야 할지 옆사람을 의식하다가 나도 모르게 눈을 감고 계속 같은 속도로 절을 하였다.

긴장한 탓일까. 겨울이지만 온몸에 땀이 흡뻑 젖었다. 어느 순간 새벽에 꿈에서 본 시할아버지 모습 그대로 저 높이 보인다. 놀라 얼른 눈을 뜨고 확인하려다가 참고 그냥 절을 올렸다. 내가 절을 할 때마다 시할아버지는 한 발자국씩 높이 올라가고 목탁 소리에 맞추어 가볍게 사뿐사뿐 높이 올라간다. 보고 느끼면서도 믿어지지 않아 눈을 뜨고 올려다보니 하늘이 아니라 탱화가 그려진 천장이다.

그제야 다시 새벽에 꾼 꿈을 생각하였다. 스님을 통해 내가 제를 올릴 때마다 '할아버지가 가고자 하는 곳으로 갈 수 있는 방법을 알려주는 것인가.' 평지도 아니고 높은 곳으로 가려면 나이 많으신 시할아버지 혼자 힘으로는 무리가 따르자 '도움을 청하였을까.' 하고 혼자 생각하고 해몽하다 보니 재가 끝났다.

집에 오면서 어른들에게 설명하고 해몽을 들으려다가 참았다. 보고 느끼면서도 꿈인지 생인지 어느 쪽으로도 설명할 수가 없어서다. 두 번째 재를 지내는 날이다. 한참 목탁 소리에 따라 절하는데 지난

주와 달리 절을 할 때마다 시할아버지 곁에서 내가 부축하는 모습이 다가온다. 내가 절하는 장면과 시할아버지를 부축하여 드리는 장면이 교차한다. 재를 마치고 집으로 오려니 뭔가 아쉬웠다. 절 한 번이라도 더 해 드리는 것이 영가를 위하는 길이라면 사찰에서는 한계가 있다.

어떻게 해야 '절을 많이 할 수가 있을까.' 하고 생각하게 된다. 이튿날 새벽에 할아버지 상을 새로 갈아 드리다가 방법이 떠올랐다. 아침에 차를 올리며 "안녕히 주무셨습니까?" 인사하며 불경을 들려드리고 그냥 나오다가 한 가지 발원을 세우고 "부처님! 우리 시할아버지 원하는 곳으로 인도해 주세요."하고 축원하며 수없이 절을 하였다.

낮에는 방으로 들어서며 "혼자 심심하시지요." 하고 찻잔을 올리고 불경을 들려 드리고 나오다가 세운 발원 따라 부처님께 간절한 마음으로 축원하며 절하였다. 저녁에는 차를 올리고 불경 테이프가 다 돌아가면 찻잔을 내오면서 "안녕히 주무세요." 하고 바로 나오다가 '시할아버지! 며칠 전 저 꿈에서 그렇게 가고자 하신 데가 어디인지 잘 모르겠습니다만, 원하는 곳으로 갈 수 있었으면 좋겠습니다.' 하고 부처님이 지켜보고 있는 것처럼 축원을 하며 정성껏 절을 올렸다.

이제와 생각하니 내가 49재에 대하여 잘 알았다면 방법을 더 찾을 필요는 없었다. 모르기에 답답하고 뭔가 부족한 것 같은 마음 따라 꿈과 연결하며 생각해 낸 방법이었다. 매일 세 번 상 앞에서 마음속으로 발원하며 인사하고 축원하다보니 정말 시할아버지가 늘 방에 계신 것처럼 느껴졌다. 마음 따라 집안에서는 항상 말도 행동도 함부로 할 수가 없었다.

남편과 잠자리하는 것도 시할아버지가 지켜보는 것 같아 이런저런 이유를 대면서 피하게 된다. 나도 모르게 날이 갈수록 더욱더 정성을 드리면 정말 좋은 곳으로 갈 수 있는 것인가. 생각하면서 막연한 기대를 하게 된 것 같다. 꽃을 사려면 시내까지 가야만 살 수 있는 시대였다. 아무리 바빠도 작은 정성이지만 최선을 다해야 한다는 생각에 꽃이 조금만 시들어도 사러 가고 오는 길이 항상 마음이 뿌듯했다.

믿음이 부족해서 불교에서 말하는 극락은 잘 모른다. 친정어머니가 설명하는 좋은 곳이 있다면 영가가 원하던 곳이었으리라. 재를 지내고 집에 돌아와 나름대로 정성을 드리다 보니 어느새 49재 하는 날을 맞이하였다.

다른 때와는 달리 재를 마치고 맨 마지막에 마당에서 다라니와 재에 사용했던 갖 가지 물품들을 태웠다. 하늘로 올라가는 연기를 따라 바라보다가 눈을 감고 계속 절을 하였다. 마지막에 아쉬운 듯 길게 절하는데, 시할아버지가 아주 높은 곳에 부처님처럼 양반자세로 앉아 계셨다. 저곳이 영가가 '가고자 하던 곳인가.' 하고 생각하다 보니 그제야 긴장감에서 벗어날 수가 있었다.

수년 후 불교에 관심을 가지다 보니 믿음이 부족한 내 자신과 싸우던 기간이었다. 내가 정성이 부족하여 '잘못되면 어쩌나.' 하고 얼마나 긴장했던가. 다행히 시할아버지가 꿈에 선몽 하였다는 믿음으로 받아들이고 스스로 최면을 걸고 노력하던 기간이었다.

3부

방생하는 날

정성의 울림

사찰의 절실한 신도이면서 자원봉사 2대 회장을 지낸 언니와 교육원에 다니며 인연이 되었다. 언니는 자원 봉사 활동에 동참하기를 권했지만 늘 바쁜 자신을 생각하다 "글쎄요." 막연하게 대답을 하였다. 그러던 중 이미 자원봉사를 하는 또 다른 인연들과 서로 마음이 모아지면서 불국토의 불씨를 지피는 곳으로 들어서게 되었다. 도량이 어떤 곳인지 파악하기도 전에 다가오는 일정 중에 '포교결집대회'에 참석하였다.

관음사 사찰 입구 왼쪽 광장에 들어서자 하얀 대불상이 세워졌다. 제단 앞에 세워진 큰 북소리의 진동이 내가 앉은 자리까지 전해오면서 저절로 엄숙해진다. '한라에서 백두까지' 라는 거창하게만 다가오던 슬로건을 그제야 조금씩 의식하게 된다. 대회를 준비하신 대한불교와 연합회, 사단법인과 불교신문사 등이 많은 인파 속에서 바쁘게 움직이고 있다.

주지스님 말씀에 따르면 우리 제주는 "탐라국 시절부터 불국정토였습니다. 부처님 돌아가시면서 남긴 진시사리가 많습니다. 각처에서 모셨던 사리를 한곳으로 모셔오는 날입니다. 이곳에서 석가의 언행과 법의 결합을 이루고자 하는 결집대회입니다. 종단과 종파를 구별하지 않고 도량에 모인 모든 불자 마음과 정성이 조화를 이루려는 날입니다. 한라에서 백두까지 모든 이가 고뇌에서 벗어나 같이 호흡할 수 있기를 바랍니다. 이 날의 열정이 가득 찬 여운을 유기적으로 널리 포교하기 위해 많은 불자와 단체들이 모였습니다. 모두 뜻을 이룹시다." 하고 열강을 하였다.

이어 남녀가 강단에 서서 이천여 명이 모인 자리에서 "각 지역별 사찰과 함께 전문성을 바탕삼아 차별과 편향을 타파하려 한다. 공동체의 활성화로 서로의 연대를 토대로 포교 활동을 전개하려는 실행으로 이끌어가자."고 한다.

남녀가 먼저 위와 같이 불자의 다짐을 외치면 함께하고 있는 모든 불자들은 따라 외쳤다. 무거운 단어들이 내 마음에 내려앉는다. 아직 불법을 잘 모르는 탓일까. 불자가 되기 위해 배워야 하고 알면 실천에 옮겨야 한다는 의식으로 다가온다. 다가갈수록 어려운 불국정토에 문외한인 자신을 생각하노라니 답답한 마음이 무겁기만 하다.

도리와 존엄성과 나아가서 부처님의 가르침과 설법은 너무나 광범위하다. 당장 따라하지 못하더라도 자신을 키우듯 서서히 외워야 하는 법문도 많으면서 길다. 어렵다고 막연하게 망설이다 한 발자국도 내딛지 못하는 것은 아닌가. 뭔가를 시도해야 한다는 마음이 새벽기도에 동참하게 한다. 불교 의미를 빠르게 깨닫지는 못할망정 필요할 때 찾던 마음이라도 이어가야 한다는 생각이 자리 잡는다.

108배를 하노라니 관음사에서 포교 결집대회에서 보았던 육법 공양식이 머리에서 맴돌았다. 단아한 한복을 입고 지극정성을 담아 연꽃 받침에 공양을 올려놓았다. 양손으로 들고 머리 위로 올려서 사뿐사뿐 부처님께 걸어가 올렸다. 잔잔하고 맑은 목소리로 "부처님! 무한한 공덕에 이 중생들은 큰 바다 이루었나이다. 오직 바라오건대 청정심을 서원하는 향공양입니다. 받으시오소." 하고 읊었다.

'청정심을 서원하는 향공양'

'미혹과 어둠을 씻어내는 등 공양'

'자비의 실천하는 꽃 공양'

'깨달음을 회양하는 과일 공양'

'법열의 기쁨을 함께하는 쌀 공양'

'탐진치 갈증을 씻어내는 차 공양'

6가지 공양을 한 가지씩 올릴 때마다 단아한 한복을 입은 여인네들이 지극정성으로 부처님 상 앞에까지 천천히 걸어가 간절하고 청아한 목소리로 위와 같이 반복하여 읊었다. 맑고 고운 설법을 통해 지극한 정성을 담는 과정을 보고 듣다보니 저절로 숙연해진다.

높은 뜻이 담긴 지극함과 그 날의 화창한 날씨가, 서로 조화롭게 어우러진 것 같다. 비추는 햇살 아래서 수많은 범부들이 올리는 정성마다 광명으로 빛나면서 천상에 계신 부처님께 전달되는 것만 같다.

북의 울림처럼 참뜻이 퍼지면서 모인 많은 불자 마음속 깊이 파고들었을까. 나도 모르게 태어나 '처음 보는 광경'이라는 말이 입 밖으로 나와 버렸다. 주위에 앉았던 불자들도 믿음이 수십 년이지만, 처음 보는 정성이라고 서로 비슷한 화제가 이어진다. 보고 듣던 이마다 눈과 마음이 일치하던 신비로움이었으리라. 뜨거운 마음을 안고 각자 지역으로 가게 된다. 참석하지 못한 신자들에게 설명하리라. '사찰마다 다시 서로서로 이어가면서 공동체 활성화로 타오르며 전국적으로 퍼지리라.' 하고 생각해 본다.

불명佛名을 받던 날

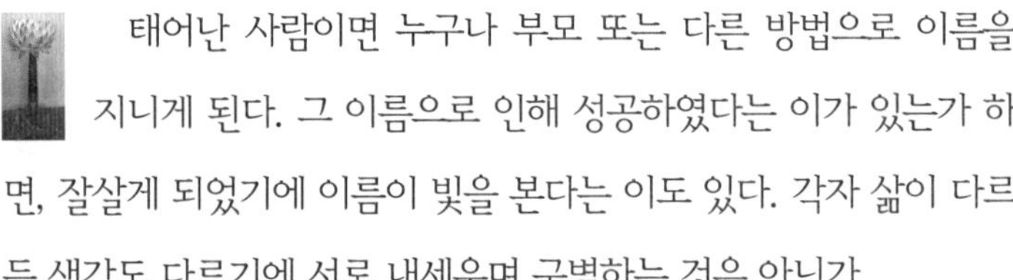

태어난 사람이면 누구나 부모 또는 다른 방법으로 이름을 지니게 된다. 그 이름으로 인해 성공하였다는 이가 있는가 하면, 잘살게 되었기에 이름이 빛을 본다는 이도 있다. 각자 삶이 다르듯 생각도 다르기에 서로 내세우며 구별하는 것은 아닌가.

불명을 지닐 신도들의 신청을 받기에 의미를 알기 위해 동의하였다. 동부 경찰서에서 실행한다고 한다. 어쩌다 '좋은 추억보다 나쁜 기억을 떠올리게 하는 곳인가.' 하고 의문이 생긴다. 일행과 들어선 곳은 4층 대강당이다. 사회자 스님 말씀에 의하면 1996년부터 경승단을 창단하고 경찰의 날이면 경찰 자녀에게 해마다 장학금을 전달하고 있었다.

좌절과 분노 등을 스스로 다스리지 못하고 다양한 사고를 몰고 다니는 중생이 심판받는 곳이다. 좀 더 안전한 사회를 위해 투철한 직업의식을 지니고 애쓰는 분들에 대한 배려다. 범인은 자신의 잘못보다 법에 따라 그곳으로 인도할 수밖에 없는 과정을 원망한다. 수많은 변명을 하면 받아들이며 다스리는 공간이다.

부처님 법문은 어느 곳에 가나 충만하기에 15년이란 세월 속에서 계속 인연을 맺어왔단다. 뜻을 모아 불교와 경찰서가 좀 더 부드러운 사회로 거리감을 좁혀온 결과를 듣다 보니 사찰에서 대단한 정성을 베풀고 있다는 생각이 들었다.

경찰서 직원들이 많이 참석하였다. 합창단과 태고종 각 사찰에서 수백 명의 불자들이 모였다. 다른 때와 달리 서장님이 지켜보는 자리에서 엄숙하게 수계 의식을 하는 날이었다.

사람이 살아가면서 각자의 위치를 지킨다면 크게 문제가 없는 사회로 이끌어가게 된다. 그런데 중생들의 탐욕을 추구하는 어리석은 행위로 인해 업을 쌓아간다. 지은 업장을 한 묶음의 마른 단으로 불태우며 모두 소멸시킨다는 불계의 뜻을 담아 팔에 수계를 받았다. 따끔한 순간부터 새로 태어나 몸과 마음을 청정하게 정화한단다. 삶의 의지를 다지기 위해 계속 부처님 참회진원을 따라하며 심지가 다 타기를 기다렸다.

재가 떨어지고 나니 불교의 상징인 작은 원이 드러난다. 내가 불명을 얻기 위한 과정과 흔적이라고 생각하니 무엇보다 소중하게 가슴에 와 닿는다. 물이 들어가면 안 된다기에 팔을 사용할 때마다 밴드를 붙였다. 한 달 정도 물집이 생겼다. 사라지는가 싶으면 또 생기며 반복된다. '지금까지 살아온 편린들이 순간적으로 못다 태운 찌꺼기들을 지속 태우는 과정'이 라고 생각하게 한다.

그렇다고 따갑거나 아프지도 않았다. 있는 듯 없는 듯하면서도 일상에서 옷소매를 조금만 올려도 보인다. 초심을 잊지 말고 가슴속 깊이 인식하라고 자주 보이는 부분에 새겼을까.

수계를 위해 멀리 부산에서 오신 혜총 큰스님 법문 중에 "꿀벌은 아무리 아름답고 향기가 가득한 곳에서도 다 취하지 않는다. 자신의 본분을 지키려고 오직 꿀을 만들기 위한 과정만을 터득한다."고 설한다. 수계를 받은 불자들은 진정한 불자가 되려면 늘 긴장해야 한다. 오늘부터라도 '큰 나무로 성장하여 꽃을 피우고 그 꽃이 헛되지 않고 열매를 달리게 노력하라고 한다. 언제나 공동체 구성원의 진리를 터득해야 한다.' 는 말씀을 하였다. 불명을 받는 불자들에게 책임감을 묻는 것 같았다.

그날 이후 나의 불명은 '정인' 이라고 지어 주셨다. 보리자성 본래 청정한 마음을 지녔으니 오계를 지키며 살라 한다. 인간이면 누구나 최소한의 본질을 지키며 살아야 한다. 성스러운 부처님의 깊은 뜻을 따라, 새로운 이름으로 태어나는 엄숙한 의식을 실행하는 시간이었다.

각박한 현실 속에서 본성을 살리는 노력 또한 만만하지 않으리라. 자신이 있건 없건 같은 공간에 들어서 발원문을 따라 하며 불명을 받았다. 내 의지와 달리 법문을 따라하다 보니 영원한 도반으로 살겠다고 스스로 부처님 앞에서 약속하고 있는 자신을 의식하게 되었다. 그 자리에서 불계에 대하여 듣던 모든 것이 한꺼번에 밀려와 정신적으로 복잡하게 엄습해 온다.

스스로 선택해서 들어선 자리지만 법문마다 밀려와 자신과 싸우는 사이에 계속 이어지던 법문 앞에서 수계를 저절로 받게 되었다. 받았다고 완전한 불자가 된 것이 아니라, 지구상에 살아가는 동안 능동적으로 자신을 다스리며 '불 세계로 나아가는 길을 안내 받는 날이었으리라.' 하고 생각하다 보니 한결 마음이 가벼워진다.

부처님 법문처럼 깊고 넓은 도량으로 들어섰으니 서로 융합하고 뜻을 펼쳐가기를 바라는 스님 말씀이 자꾸 떠올랐다. 느끼는 것만큼 실행하기에는 버겁지만 '보고 들었던 과정들을 잊지 않고 살다보면 서서히 내 마음에 잦자들게 되리라.' 하고 스스로 위로해 본다.

계율의 문턱에서

미리 기억하지 못하고 급하게 사찰로 향하다 어제 돼지고기 먹은 것이 생각났다. 그대로 가야 하나 말아야 하나 망설이는데 발길은 이미 도착했다. 법당을 향해 절하는데 어머니 말씀이 생생하게 떠오른다.

'정성을 들이면서 기본적인 음식을 가리지 않는다면 죄 받는다.' 고 이십여 년 전 듣던 이야기가 갑자기 스쳐 지나간다. 친정어머니는 많은 농사와 해녀의 길을 겸하는 일상이라 늘 정신없는 삶이었다. 나이가 들면서 늘 피로가 겹치고 온몸이 아프다는 말을 자주했다. 큰맘먹고 보약을 해 드렸다.

친정에 가보니 이미 다 먹었어야 할 한약이 반 이상 남아서 화가 났다. "정성껏 해드리면 성의껏 먹어야 하는 것 아닙니까" "먹는 게 뭐 그리 대수냐." 한다. "먹고 건강하게 사는 것보다 중요한 게 뭐예요?" 하자 "요즘 사찰 다니는 날이 많아서 삼일 전부터 금식했다가 다시 먹기를 반복하다 보니 아직도 많이 남았구나." 한다. 믿음과 뜻을 잘 모르던 나는 이해하지 못했다. 어린 시절 사찰을 자주 다녔기에 죄받는다는 말은 가슴속에 각인되었을까.

답답한 나는 아버지의 도움을 받으려고 쳐다보았다. 눈이 마주치는 동시에 어머니를 말없이 주시하던 아버지가 "네 어머니 하는 대로 놔둬라. 바쁘다는 이유로 사찰에 가고 싶어도 못 다니던 한을 풀어야 집착에서 벗어날 수 있다." 라고 하며 탓할 의사가 전혀 없어 보인다. 애잔한 아버지 말과 눈빛은 사랑이었을까, 배려였을까. 이전에는 그렇게 다정한 부부가 아니었다.

나이가 들면서 어머니 열성에 남자라는 권위주의가 사라졌을까. 아니면 시대가 변하게 하였을까. 모든 일을 어머니 중심으로 풀어가고 있었다. 두 분의 모습을 보면서 믿음을 제대로 모르고 말하던 마음에 어머니 믿음이 깊이 새겨졌을까.

어머니가 돌아가신 다음에야 정식으로 사찰에 다니게 되었다. 어머니는 자신의 육체보다 정신을 우선시하며 평생을 지키던 계율이었다. 딸은 사찰에 다닌 지 겨우 일 년 만에 무너지고 말았다. 잘못을 느꼈다면 바로 되돌아서야 하는데 그대로 법당에 들어섰다. 사소한 계율도 지키지 못하고 부처님 앞에 앉은 자신이 너무나 부끄러웠다. 그 날 행사에 집중될 리가 없다. 가족들의 나이와 띠를 적다가 떠오르지 않아 달력의 도움을 받고 있는 모습을 지켜보았다면 어머니는 뭐라고 했을까. 살아계셨다면 수화기를 들고 '어머니도 저처럼 실수한 적이 있나요?' 하고 물어보고 싶었다. 사람이기에 누구나 실수를 경험삼아 불심을 키워가고 있으리라.

부딪치던 '계율을 어떻게든 풀어야 할까.' 하고 고민하게 된다. 어느 날 도량에서 스님이 설명한다. 요즘 자주 접하는 '육식을 금하고 사찰에 다닌다면 그보다 더한 정성은 없다.' 고 한다. 같은 공간에서 범문을 들어도 각자 받아들이는 방법이 다른 것인가. '요즘 그렇게 음식을 가리고 다니는 사람이 어디 있느냐.' 며 혼자말로 중얼거리는 신자도 있다. 시대 흐름에 따라 믿음이 달라지는 것인가. 정말 믿음의 중심이 무엇이기에 내 어머니는 사찰 가기 삼 일 전부터 음식을 가리며 다녔을까.

어머니는 어떠한 일상 속에서도 사찰 가는 날은 전신으로 정성을 드린다. 자주 다니면서 듣던 불법마다 법처럼 적용했던 것 같다. 어쩌다 친정에 나들이 가던 딸에게 드러난 것이 음식계율이었다. 나는 사찰에 다니게 되면서 정식으로 배우지 않았다. 설법을 듣다 보면 어머니 믿음을 흉내내고 다니던 부분이 부처님 계율이었다. 기도도 중요하지만 부처님 말씀을 중요시하며 다녔다.

사찰 김치 봉사에 처음 참여하였다. 간부들이 찬으로 육식과 굴을 마련하였다. 음식 계율을 고민하던 나에게는 의외였다. 하지만 일상에 길들여진 탓일까. 김이 모락모락 나는 돼지고기와 금방 만든 김치를 싸서 먹고 싶었다. 참고 굴만 먹다 보니 굴도 살생한 것이었다.

모든 생물은 나름대로 생명을 지니고 세상에 존재한다. 우리는 음식 가치를 살리려고 하루에도 여러 가지 생명체에 의존하고 살아간다. 어찌 수많은 생명 중에 한 가지 육식만 피한다고 살생을 면하겠는가. 주부이기에 끼니마다 살생하고 있는 중생인지 모른다. 그제야 범문을 들으며 혼자말로 중얼거리던 아주머니 마음을 이해를 하게 된다.

얼마나 많은 불경을 배워야 스스로에게 신뢰를 얻을 수 있을까. 부딪치고 깨지는 문제들을 수없이 받아들이며 걸러내는 반복을 해야만 진정한 수도의 길이 드러나게 되나 보다.

방생하는 날

사찰에서 방생한다는 메시지가 왔다. 때마침 다가온 매서운 추위가 걱정된다. 어린 생명들을 이 추위에 방생한다면 살아날 가망이 있을까. 생각이 꼬리를 물면서 참석해야 하나 말아야 하나 갈등이 생긴다.

모든 만물을 직접 눈으로 확인한 것은 아니다. 대부분의 생명은 사람이 살아가는 이치와 비슷하다는 생각을 해 왔다. 지상에서 평생 살아가는 사람도 추위 속에서 잘 견디려면 불을 때고 옷도 더 입어야 한다. 바다에서 태어났다면 어떠한 상황 속에서도 얼마든지 적응할 수도 있으리라. 방생하는 어류는 양식 어류이다. 태어나면서부터 수족관에서 키우다가 넓은 바다에 놓아준다고 생각하니 많은 생각을 이어가게 한다.

방생하는 날이 돌아왔다. 아침에 일어나자마자 날씨부터 확인하게 된다. 지난 며칠보다 따뜻해졌다. 사찰에서 법문을 마치고 해수욕장 중심지에 먼 바다로 뻗어나간 둔덕에 도착했다. 정성껏 제를 올리고 방생할 준비를 하였다. 활어차에서 양동이에 담겨 나온 고기는 어린 광어였다.

바닷가로 내려가 바닷물에 양동이를 옆으로 조금 담그고 스스로 나오도록 유도했다. 바닷물은 차가웠지만 갇혀 있던 한정된 그릇에서 서로 앞다투어 꼬리를 흔들며 나온다. 잔물결에 실려 해초 사이로 헤엄쳐 나가더니 금방 사라졌다.

본래 바닥에서 서식하는 물고기이기에 바로 깊은 바다 바닥으로 내려갈 수 있으리라. 특히 자기가 태어나 자란 곳과 너무나 다를 텐데. 깊고 넓은 바다에서 방향 감각을 잃고 헤매고 있는 동안 다른 어종들에게 먹이가 되어버리는 것은 아닐까.

공격 대상에서 벗어난다 해도 먹이를 먹어야 살아가는 생명이다. 아무것도 없는 텅 빈 공간에서 주는 것만 먹던 생명이다. 다양한 해초와 방해물들이 많으면서 넓은 곳에서 스스로 먹이를 구별할 수 있을까.

사 백여 명이 천여 마리 정도의 광어를 방생하였다. 목탁 소리에 따라 기도와 정성들이는 많은 기와 부처님 뜻이 전달되어 스스로 많은 시련을 이겨내었으면 하는 간절한 마음이 생긴다. “부처님 저

어린 생명들이 한정된 공간에서 살다가 갑자기 넓은 공간에서 감당하기에는 너무나 벅차 보입니다. 살아날 수 있는 안전한 곳으로 인도해 주세요." 하고 두손 모아 마음속으로 수 없이 빌어 본다.

며칠이 지났다. 바다를 보고 있노라니 나도 모르게 방생하면서 긴장하던 시간이 떠오르며 발걸음을 바다로 옮기게 된다. 방생하는 날과 달리 썰물로 바닷물이 많이 빠졌다. 혹시나 죽어있거나 살아있는 실체를 확인하기 위해 주변에 모래사장과 웅덩이와 바위 틈까지 다 확인했지만 어떤 모습으로도 보이지 않는다.

많은 생명들이 다 어디로 갔을까. 본래 바다 모래 위에 헤엄쳐 다니는 어종이다. 크고 작은 파도가 불어와도 밑바닥 모래에 동면할 수도 있는 능력을 갖추고 태어났다. 아무리 어리지만 본능적으로 다양한 악조건을 피하고 어딘가에 살아남은 숫자가 많으리라.

일 년이 지나면 넓은 바다에서 해녀들에게 결실로 발견하게 되리라. 해수욕장에서는 수영하는 사람들에게 발견되면서 서로 '잡으려는 손길이 모여들어서 활력이 넘치는 서식지로 이끌어 가지 않을까.' 하고 생각을 하게 된다. 그제야 부질없는 생각에서 벗어나 입가에 미소가 번진다. 되돌아오는 길은 긍정적인 생각에 사로잡혀 마음이 한결 가벼워진다.

이슬을 벗삼아

사월 중순 완연한 봄날입니다. 덕림사에서 봉안과 점안식 하는 날입니다. 법당이 중심이 되어서 호적 소리와 함께 바라춤을 추고 있습니다. 그쪽으로 주목하는 많은 내빈과 불자, 신도들이 마당 가득 참석하였습니다.

한쪽에서는 유자차를 대접하며 진한 향이 퍼지고 있습니다. 다른 쪽에서는 다양한 자연의 색으로 물들인 한복을 입은 여인네로 구성되었습니다. 다과를 담고 말차를 마련하는 모습 자체가 봄의 향기와 색깔이 다 내려앉은 듯 단아합니다.

사찰하면 언제나 고요하고 엄숙하게만 느껴지던 평소와 달리 큰 석가모니 부처님이 새 법당에 점안하는 날이기에 잔칫 날과 다름이 없습니다. 앞치마를 입은 보살이 바쁘게 움직이고, 더 바쁘게 법당과 객실을 번갈아가며 드나드는 주지스님이 중심이 되고 있습니다.

이십여 년 전, 왜소하기만 한 사찰에 지주스님으로 온 후 대지를 넓혀가고 있어나 봅니다. 완성된 대웅전을 보고 있노라니 단청이 예술적입니다. 예전의 건축 양식으로 완성하기까지 '얼마나 많은 선연을 알름알름 모았을까.' 하고 생각하게 됩니다.

사문은 어떤 삶일까요. 주지스님이 설명하던 말씀을 되새겨봅니다. 1년 365일 지친 몸 쉬어갈 틈도 없이 제를 지내러 다니느라 매진을 반복하였다고 하였습니다. 가족을 위하는 길도 아니었습니다. 사찰과 신도가 공유하기 위한 길이기에 평범한 사람은 엄두도 낼 수 없는 과정이라고 생각해 봅니다.

마음의 문을 활짝 열고 제주도 곳곳에 불빛도 없는 산중처럼 헤쳐 나아갈 길이 엄습해 왔겠지요. 막연한 고통으로 지새우는 중생이 원하는 곳이면 달려갔다지요. 밤이슬을 밟으며 새벽에 도착한 곳 어디든지 부처님의 법문으로 위로하고 벗이 되었다 합니다.

출가한 사문이기에 아무리 힘들어도 새벽이면 일어나 물레방아처럼 돌고 도는 가시밭이라도 마다하지 못하겠지요. 숨 돌릴 틈도 없이 좋은 인연의 끈으로 이끌어 가야만 하는 길입니다. 오랜 세월 다가가는 곳마다 다양하게 일렁이는 고운 빛도 동여매고, 혹한의 나날도 마다하지 않았습니다. 외로움을 휘감으면서도 오직 법문으로 고달픈 삶의 편린들을 지닌 중생들에게 무한한 자비와 대화로 풀어가야 하는 길이었습니다.

부처님 앞에 놓인 촛불처럼 자신을 태우고 또 비우는 훈련을 하면서 부처님의 높은 뜻과 가르치심을 쌓으면서 사찰과 신도들을 위하는 길이었습니다. 신도는 너와 나라는 구별이 없는 진리를 키워가는 자리가 넘치고 있습니다. 넘치는 물결로 크나큰 법당과 석가모니 부처님을 마련하여 새 생명을 불어넣는 날을 맞이하게 되었습니다.

부처님은 본래의 자리, 어머니 자궁에 잉태하여 힘들게 태어나려고 진통하고 있는 것처럼, 병풍으로 가렸습니다. 긴 법문을 통해 세상에 태어나려 합니다. 감싸던 종이를 조심스럽게 꺼내었습니다. 오색 빛깔의 실타래가 부처님에게서부터 모인 중생들에게 전하는 탄생의 선물이 나옵니다. 어버이의 마음을 지닌 스님 손길을 통해 길게 건너와서 신자와 손님 사이가 이어지면서 크고 작은 마음까지 다 받아들이며 나눠 주고 있습니다. 소중한 선물을 받은 듯 마음이 뿌듯합니다. 서로 만족해하는 마음과 부처님 금색 빛이 그날 햇살과 삼위일체로 이루어져서 더욱더 찬란하게 빛나고 있습니다. 황금빛 부처님을 뵈러 온 수십 명의 스님이 머무는 사찰까지 이어지겠지요. 다른 사문과 신자들을 통해 제주도 전체로 퍼지는 상상을 하게 됩니다.

때로는 험난한 고비를 넘기면서도 한결같은 마음으로 오직 불타

전으로 향하셨습니다. 탑처럼 쌓아서 화창한 봄날 들어서는 이마다 감탄할 만큼 웅장한 대웅전이 자리를 잡았습니다. 모든 신도들이 고생한 덕이라고 하면서 울먹이시던 주지 스님의 마음을 어떻게 다 헤아리겠습니까.

축사를 읽던 지역 국회의원 말씀처럼 "새는 울어도 보이지 않고, 꽃은 웃어도 들리지 않는다."고 설한 것처럼 자연의 순리처럼 살아오신 고행의 길이 수년 이어온 결실 앞에서 저절로 숙연해지는 시간이었습니다.

"자주 함께하신 회장님과 많은 신도들에게 감사패를 드리려다가 참았다고 합니다. 대신 사문의 마음을 담아 이날 탄생하신 석가모니 부처님의 복을 받으세요." 하였습니다. 그보다 더 값진 선물이 어디 있을까요. 거룩하신 부처님의 진리는 평생 노력해도 아무나 얻을 수도 받을 수도 없는 원력이기에 말입니다.

축사를 읽던 태고종 도회장 말씀처럼 "함덕은 해수욕장과 서우봉이 중심된 관광 지역입니다. 한 단계 높여서 석굴암과 불국사처럼 문화유산으로 널리 알려야 한다."라고 하셨습니다. 말처럼 쉬운 길은 아니지만 일상생활과 이어져서 부처님의 범문을 실천하는 관광지로 이끌어갔으면 하는 뜻이었습니다.

세계인이 관광 왔다가 전통문화를 찾아 들르는 중생들에게 잠시 쉬면서 부처님의 지혜와 자비를 배우는 도량을 설명하고 있습니다. 믿음과 신뢰를 정진하는 화합의 장으로 이끌어가는 상상만 하여도 가슴이 벅차며 꿈과 희망을 기대하는 날이 되었습니다.

발우 공양

부처님께서 성불하신 직후 사천왕이 나타나 각각 하늘 꽃을 담은 발우를 가지고 와서 올리자 네 개를 하나로 포개고 사용했단다. 그 이후 제자들도 행하면서 불법과 함께 사용하는 유래가 되었단다.

이천오백 년이 넘은 지금 태고종에서 교리를 배우게 되었다. 수행을 하는 스님들의 하루 일과를 배우기 위해 수련법회에 동참해서 발우공양을 할 기회를 얻었다. 공동체의 단결을 위해 31기 생도들은 높고 낮은 지위를 다 내려놓고 줄지어 앉았다. 공양도 수행의 한 과정이라고 엄격하게 강조하는 스님을 따라 보자기 매듭을 풀었다. 네 개의 그릇은 밥과 국, 찬 그릇과 청수물을 담는 그릇이었다. 수저와 상 대신 보자기를 발우 깔기로 이용했다. 간단한 과정을 보면서 사찰의 예의에 최초의 우주의 질서가 그대로 담겨있다는 생각을 하게 된다.

모든 도반이 허리를 펴고 반가부좌로 단정하게 앉았다. 상대방이 나눠주는 음식의 양을 원하는 만큼 말 대신 그릇을 돌리며 조절하였다. 반찬도 언제나 세 가지가 나오기에 하나의 찬 발우에 담았다.

먹을 준비가 다 되자 "한 방울의 물에도 천지의 은혜가 스며있고, 한 알의 곡식에도 만인의 노고가 담겨 있습니다. 이 음식으로 주림을 달래고 몸과 마음을 바로하여 사회 대중들에게 봉사 하겠습니다." 하고 따라 읽어 내려가다 보니 일상에서 이 발원문보다 고귀한 진리의 말씀이 또 있을까 싶었다.

공양을 하면서도 음식이 담긴 그릇을 들고 이가 안 보이게 떠먹으면서 그릇과 수저와 음식 씹는 소리마저 내면 안 된다. 자기 위치에서 차례를 지키고 공양 마칠 때까지 시선을 항상 발우에서 벗어나지 않게 고개도 반듯해야 한다고 한다. 말씀을 들으며 뭔가 복잡하다는 생각과는 달리 단순한 실행으로 다가온다. 지금까지 가정에서 한 끼니 식사를 하기 위해 너무나 분주하게 마련해서 먹어왔다는 생각이 들었다.

산업화 사회로 변하면서 그릇도 해마다 새로운 디자인으로 경쟁하며 소비자들을 부추겼다. 새것으로 사고 나면 이전에 그릇은 버려 쓰레기가 되거나, 쌓아 놓는 복잡한 일상으로 이어간다. 점점 편리함을 추구하면서 개인적인 목욕탕과 화장실과 싱크대 등을 설치하기 시작했다. 전 세계인이 사용하면서 나오는 생활 폐수가 하수구로 이어지면서 내려간 바다는 심각한 오염을 일으키고 있다.

농사도 농약을 사용해 잡초와 벌레를 제거하면서 고갈된 밭과 바다가 동시에 몸살을 앓게 되는 연구 결과를 발표하기 시작했다. 근본적인 대책이 필요하다며 개개인들에게 농약과 세제를 적게 사용하기를 권장한다. 도에서는 오염되는 생활 폐수를 정화시키며 바다로 보내는 등 부분적으로 끊임없이 노력하고 있다.

하지만 삶 자체가 문제를 일으키는 현실이 되어버렸기에 지구 전체가 환경 문제로 지속되고 있다. 막연하게 생각하던 문제들을 특별한 발우공양 앞에서 생각하다보니 우리가 먹고 살아가는 일상이 많은 문제를 키우고 있다는 걸 절실하게 다가온다.

뜨거운 숭늉을 어시발우에 받아 공양을 하던 그릇을 헹구어내고 그 숭늉을 마셨다. 숭늉에 뜬 고춧가루가 먹을 수 없는 더러운 것이라면 먹은 공양도 더러운 것이라는 걸 설명해 준다. 스님 말씀에 따라 내가 먹었던 음식의 일부분이란 마음으로 마시자 발우들은 깨끗이 비워진다.

공양 의식이 끝나자 다시 합장하고 "이르는 곳마다 부처님의 도량이 되어 마음을 닦아 다 같이 불도를 이룹시다." 하고 스님 따라

하며 생각하다 보니 사찰에 다니면서도 식전과 후에 공양 발원문이 있다는 걸 처음 알게 된 자신이 너무나 부끄러웠다. 그리고 수도승들께서 아무리 어려워도 언제 어디서나 사찰의 규범대로 풀어가려는 삶을 조금 이해하게 된다.

앉은 자리에서 남녀 구별 없이 각자 청수발우에 담긴 물로 세제 없이도 깨끗이 씻었다. 닦은 다음 다시 본래로 되돌아가 그릇을 포개고 보자기에 쌓았다. 손바닥에 올려놓을 수 있는 무게와 크기다. 일상에서도 이와 같은 공양이 이어졌다면 적어도 상대보다 돋보이기 위한 삶은 세상에 존재하지 않았으리라. 우리의 삶은 끊임없이 유행에 이끌려 다니며 사용하는 것이 있는데도, 다시 사고 버리는 어리석은 삶을 살아가고 있다.

밥 한 톨은 물론 그릇 씻은 물마저 버리지 않고 상대방을 위해 찌꺼기가 없는 청수 물을 퇴수통에 모았다. 그 물은 목구멍은 바늘구멍만 하고 배는 산만큼 커서 아무리 먹어도 배가 부르지 않은 아귀들이 유일하게 먹을 수 있는 양식이란다. 사람이 먹고 살아가는 일상이 이렇게 마무리된다면 사방에 환경오염으로 이끌어가는 '현실을 얼마든지 해결하는 길이 열리지 않을까.' 하고 복잡하고 막연한 현실을 희망으로 생각하게 하는 날이었다.

인연을 따라 배우던 길

불교대학 초급반과 고급반이 같이 졸업하는 날이었다. 정진상 수상자를 호명하는데 내 이름도 들린다. 상을 받고 돌아서는데 다니는 재적사찰 주지스님이 크나큰 꽃다발을 안겨준다. 순간 '상과 꽃다발을 받을 자격이 있을까?' 하고 생각하다 경전을 배우던 날들을 회상하게 되었다.

사찰 주지스님이 부처님 계율을 설명할 때마다 이해되는 부분보다 안 되는 부분이 더 많았다. 의문이 쌓이면서 불교대학 초급반에 다니게 되었다. 일주일에 두 번 교리를 배우는데 내용이 너무나 광범위했다. 막연하기만 하던 마음은 '부처님은 신이었을까.' 하는 의문에 사로잡힐 때쯤, 부처님의 생애를 배우게 되었다.

'석가모니 부처님은 싯달타 태자로 태어나면서부터 부귀와 영화가 보장된 인생이었다. 학문과 무예에 통달하여 더 이상 가르칠 만한 스승이 없을 정도로 뛰어난 왕자로 자랐다. 어느 날 부왕과 함께 농경제의 파종식에 처음으로 참석하게 된다. 평민의 일상에서 고단하게 일하는 사람과 소와 벌레를 먹는 새들을 보면서 충격을 받는다. 지극히 평범한 자리에서 아파하는 것으로 끝나지 않았다. 끊임없이 이어지는 생각의 실타래를 들고 성문 밖으로 나가 세상을 살핀다. 생로병사에 허덕이며 살아가는 백성들을 보면서 세상에 대한 번뇌는 더욱 깊어갔다.'

어려움에 처했을 때 초심을 버리고 편리함을 추구했다면 본래의 태자 자리가 그리워 되돌아가지 않았을까. 고통 속에서도 불성을 끈끈한 마음으로 평생 짊어졌기에 부처님으로 탄생하였으리라.

왕자는 29세 되던 해 부왕의 기대와 달리 자신의 안위를 버리고 몰래 성문 밖으로 탈출하였다. 자신을 위하는 길이 아니라 온갖 번뇌와 고통의 수렁에서 허덕이는 중생들을 구제하기 위해서다. 지식으로 풀 수 없는 삶이라며 불도를 닦는 스승을 만나 수행의 길을 걷는다. 그 누구도 견딜 수 없는 많은 수행의 생사들을 넘나들다 결국 성도하기 위해 보리수 나무 아래서 결가부좌로 부동하였다.

악마의 본색을 지닌 마왕 파순이 지켜보다 태자가 실행하고자 하는 수행이 끝나면 자신의 권위에 방해될까봐, 태풍과 불화살을 날리며 수행을 방해하였다. 하지만 금강석보다 굳센 의지로 견디는 모습에 지신도 감동하여 지켜보고 있었다. 악의 마음을 저버리고 선업의 행을 보호하려고 선과 악 사이에서 증명하며 국토를 진동하게 하였다. 마왕은 겁이 나 스스로 도망갔다. 수행자는 더 이상 방해를 받지 않고 연기의 진리를 깨닫고 원하던 성도의 길을 걸었다.

발자국마다 남기신 불성이 너무나 숭고해서 수천 년 세계인이 배우는 교리로 남겨졌단다. 다양한 고행의 생애를 배우면서도 이해는 안 되지만 신이 아니라, 성인으로 다가오며 저절로 숙연해진다.

기초 교리지만 하나의 구절을 느끼면 또 다른 진리로 23번 나눠지면서 혼란으로 다가와 실행할 수 없는 여운만 맴돌았다. 그나마 자비의 광명으로 중생들에게 전달하려는 부처님 마음을 절실하게 느끼게 되었다. 31기생으로 초급반 졸업한 후 일상에서 뭔가와 부딪치면 버릇처럼 제일 먼저 부처님의 고행이 떠올랐다. 중생들을 구제하려는 깊은 뜻을 마음에 새겨 일상에서 실행하려는 마음이 생겼다. 얼마 지나지 않아 나도 모르게 나태해지는 자신을 의식하게 된다.

부처님의 가르침에 정진하려면 불교대학 고급반에 다녀야 한다는 마음이 간절했다. 사정상 바로 다니지 못하고 갈망하던 세월이 몇 년이던가. 몇 년 전 지화를 만들며 끈끈한 인연으로 이어진 동녀들과 6기생으로 고급반에 다니게 되었다.

부처님은 열반하시기 전 평생의 고행으로 방대한 법문을 남기셨다. 당시 제자들이 해석하며 교리로 남기던 열의 또한 대단하다. 계속 이어지며 전 세계로 알려졌단다. 흔적이 남겨졌기에 2500여 년이 지난 지금도 끊임없이 이어온 가르침의 도량에 들어서게 되었다. 경전에 뜻은 잘 이해하지는 못하지만, 마주하는 경전마다 부처님의 분신처럼 소중하게 다가왔다. 『금강경』과 『화엄경』 또한 부처님의 원행의 일부라며 열심히 듣고 배웠다.

『화엄경』 강의를 듣던 날이다. 만물이 서로 의지하고 생기면서 이것이 멸하면 저것이 멸하는 연기법이 지구 전체와 맞물려 동시에 돌아가는 것처럼 다가왔다. 다음 주는 여운을 붙들고 배우다 보면 제대로 다가오리라 기대하였다. 기대와 달리 원장님은 쉽게 설명하는 것 같지만 우주와 지상 사이에 거리만큼이나 아득하게 다가왔다. 졸업할 때까지 한 가지 서원도 공염불로 반복하던 자신을 알기에 상 받는 순간 부끄럽기만 하였다.

다행히 초급반 졸업할 때 막연하게 다가오던 스님들과 도반들의 열의가 새롭게 다가왔다. 1기생에서부터 지금까지 수 년 동안 제주불교 태고종을 통해 불자들이 배출되고 있다. 총동창회와 제주교구, 신도회 등이 구성되면서 해마다 졸업하는 후배들에게 다양한 선물로 보시해 왔다. 해마다 이어지는 임원들이 존재하기에 나도 풍요로운 선물을 받으며 졸업하는 날이 되었다.

스님의 정감

제자들을 지도하며 제주불교 전통지화 장엄으로 세 번째 전시회를 주관하던 지화스님이 많은 내빈들 앞에서 인사말을 하다가 눈물을 삼키며 말을 이어가지 못한다. 참석하신 많은 분들이 박수로 다시 청하는 분위기 속에서 지나간 일상이 밀려온다.

전임 태고종 종무원장 범담스님은 지화스님께 '현실에서 수면 깊숙이 가라앉아 가는 전통 지화를 수면 위로 끌어올리자.' 고 권하면서 불교대학 강의 시간에 회원을 모집했다. 당시 빠르게 변하면서 문제로 다가오는 현실에 관심을 갖던 나는 전통이란 말을 듣자마자 손을 들게 되었다.

몇 주가 지나자 나를 포함해 5명이 구성되었다. 스승이 지도하는 대로 온 신경을 쓰고 만들었다. 분위기는 가라앉아 계속 '이어가야 하나.' 하고 생각하면서도 일주일에 한 번 다녔다. 이런 우리를 위로하듯 범담스님은 찾아와 꽃 만드는 과정을 살피며 이제야 지화가 제대로 돌아간다는 말을 아끼지 않았다. 덕담은 햇볕과 양분이 부족한 지하 공간에 생기를 불어 넣으며 서서히 뿌리를 내리는 데 많은 도움이 되었다.

어떠한 식물도 본래의 자리에서 이탈하면 뿌리내리기 위한 과정이 필요하듯, 자영업을 하는 나 역시 집에 도착하면 지화에 투자한 시간만큼 늦은 밤까지 채워야 할 때가 많았다. 그렇게 두 가지 일을 병행하기란 쉽지 않았다. 수입을 조금 줄이면 얼마든지 자신을 채울 수 있다는 생각이 착각이었을까. 날이 갈수록 손님과 남편 눈치를 살피면서도 이미 들어선 길에서 포기할 수 없다던 초심과 갈등하게 된다.

별로 예쁘지도 않고 이름도 없는 꽃을 지도하다가 어느 날 국화꽃 만드는 방법을 신중하게 가르쳐 준다. 복잡하고 힘든 과정에서 탄생한 꽃이지만 너무나 예쁘게 다가와 가슴을 뛰게 한다. 스스로 완성하기 위해 몰입하다보면 복잡한 일상과 갈등하던 감정마저 다 파묻고 시도하던 국화꽃을 처음 완성하던 순간이다. '자식을 처음 마주하던 정감처럼 모든 일상을 감수하리라.' 하고 자신에게 다짐하게 된다.

지도스님은 말이 별로 없다. 어쩌다 제자들이 물어보는 말에 대답하는 것이 고작이다. 지화에 몰입하다 보면 말을 하거나 듣다 보면 매만지던 꽃이 속도가 늦어지거나 모양이 잘못 나와서 다시 매만지는 일을 반복을 하게 된다. 그래서 예술인이 말을 아끼고 몰입하게 되는지 모른다.

어느 날 지화전시회 날짜가 잡혔다. 만들어 놓은 꽃도 별로 없는데 삼 개월 후에 지도스님만 믿고 전시회를 하기로 결정한다. 목단과 국화, 수국 등을 중심으로 접고 만들었다. 개인적인 생각이나 사정은 생각할 마음의 여유가 없을 정도로 시일이 급박했다.

일주일에 한 번 만들다 두세 번 가서 만들어도 준비가 되지 않아 한 달 전부터는 매일 출근해도 마무리가 안 되었다. 재료를 집에 가지고 와서 만들어가며 집 안팎에서 잠을 설치며 오직 지화에 매진하게 된다. 회원들마다 서로 수백송이 원 없이 만들며 마무리하게 되었다.

처음 열린 전시회지만 전국적으로 알려지면서 불교 예술로 자리 잡아가는 중심의 역할을 하였다. 업보처럼 엄습해오던 행사지만 자신을 키우는 데 도움이 되었다. 아내를 참고 지켜보던 남편은 '직장을 바꾸어가겠다' 는 시작으로 핀잔이 늘어난다. 남편 입장에서 들으면 대답할 말이 없다. 하지만 계속 이어가기 위해서는 내 의지를 전달해야만 했다. '남은 생에 나이가 많아도 집에서 매만질 수 있는 지화' 라며 이해를 부탁했다.

말려도 한 구성원을 위해 꿈틀거리는 마음을 놓을 수가 없다. 나날이 발전하는 연구원들로 거듭나기 위해 2회 전시회 준비에 들어갔다. 몇 개월이 지나자 4명이 더 참여하였다. 지화지만 생동감을 살리려면 생화를 자주 관찰하여야 한다. 좀 더 나은 작품을 만들어야 한다는 회원들의 열의는 한 주가 다르게 계승되고 있다.

이토록 빠져들게 하는 지화전시회는 무엇을 위하는 길이었을까. 지도스님과 회원들이 예술을 키우는 학습장만이 아니었다. 불교 전통 문화유산을 계승하는 행사의 불자로서 오직 봉사로 수행하는 길이었다.

2회 전시회날 스님은 발간사 중에 '전통불교의 문화를 계승하는 중심에 서게 될 날을 고대한다.' 는 말씀을 아끼지 않았다. 이어 부처님께 지극한 정성으로 올리는 지화 장엄의 심오함을 설명하는 순간 수많은 노고에 뿌듯함으로 자리잡았다. 나뿐만이 아니라 회원들마다 주부이자 직장인이면서 자영업을 하였다. 지화를 만들면서 서로 시간을 앞으로 당기거나 뒤로 미루고 매진하면서 전시회까지 빈틈없이 채워왔다.

3회 전시회 하는 날, 지도하는 지화 스님 입장에서는 수년 만에 겨우 모집된 제자들의 노고에 대한 감사의 정감이었으리라. 끊임없이 연구하면서 마련한 전시회가 다가오면 늘 노심초사하던 마음이 점점 순조롭게 이어지고 있다. 서로 만나면 전시회 준비하느라 지난날 아슬아슬 전시회를 이끌어 오면서 정화되는 감정을 회원들과 서로 나눌 시간이 없었다.

몇 년 응축해 왔던 감정을 더 이상 감추지 못하고 회원들의 노고가 떠오르면서 가슴이 벅차하는 순간이었으리라. 어려움 속에서도 해마다 이어지는 전시회 하는 날을 맞이하였다. 자신도 모르게 산소 같은 이슬로 시야를 가리는 순간이 되어버렸다는 생각을 해본다. 행사장에서 가슴으로 다가오는 눈물의 의미를 보고 들으면서 지화와 함께 하던 세월과 과정들을 되돌아보며 생각하는 날이 되었다.

동짓날의 의미

밤길이가 가장 길면서 낮의 길이가 가장 짧은 날이 동짓날이다. 언제부턴가 이야기를 듣다 보면 신기하고 과정이 궁금했다. 인간이 살아가는 이 세상은 얼마나 복잡하고 오묘한가. 그 많은 날들을 열 두 동물 자 · 축 · 인 · 묘 등으로 의미를 담아 날짜와 시간을 설계하였다니 얼마나 대단한가.

태양을 중심으로 하늘 아래 지상이란 지구가 형성되었다. 시계라는 상품이 나오기 전에는 해가 동쪽에서 뜨고 서쪽으로 지기까지 위치에 따라 사시와 오시, 미시와 신시라는 단어 등으로 파악하며 살아가던 시대의 삶을 밑바탕 삼았으리라.

지구의 공전은 일 년 365일다. 달의 공전은 354일이란다. 양력은 지구 기준으로 만들었기에 날짜가 거의 비슷하다. 음력은 달의 기준으로 만들었기에 일 년에 양력과 음력이 11일 정도 오차가 생긴다.

차이 나는 날짜를 삼 년에 한 번 윤달을 두어 오차를 수정해 나간단다.

쉬지 않고 돌아가는 해와 같은 원리로 탄생한 것이 시계다. 초와 분과 시로 나눠서 밤낮으로 하루 24시간을 정했다. 30일이 기준으로 지나면 한 달로 정해 놓았다. 12개월이 지나면 일년을 마무리한다. 동짓날이 해마다 날짜가 다르게 다가오지만 어김없이 돌아오면서 밤낮의 중심이 되었다. 그날부터 낮의 길이는 조금씩 길어지고 밤의 길이는 서서히 짧아지면서 지구의 질서가 주기적으로 새로 돌아가고 있다. 정리되기까지 전문가들은 얼마나 많은 노력을 했을까.

팥죽을 쑤어 먹는 전례를 생각하며 사찰로 갔다. 할머니와 어머니가 한참 농사짓던 일상의 시대를 되돌아보았다. 사소한 도구로 온몸을 혹사시키며 농사를 지을 수밖에 없던 농경시대였다. 인간의 체력은 한계가 있기에 늘 피로가 누적되는 일상이었다. 여러 가지 질병이 생기며 고단한 생활을 하였다. 요즘처럼 치료할 병원이나 약이 흔하지 않았다. 농촌의 실상은 너무나 바빠서 아픈 세파와 싸우며 누워있을 시간도 없었다. 아파하면서도 밀려오는 일상에 노예가 되어버린 것 같은 삶이었다.

계절에 따라 한 해의 농사를 마무리하고 나면 온몸은 무겁고 입맛이 없을 때마다 할머니는 좋아하는 팥죽을 자주 끓였다. 요즘처럼 건강식품으로 먹은 것은 아니다. 팥이 지닌 성분을 확인해 보면 섬유질과 사포닌 성분으로 소화가 잘되고 노동의 후유증으로 쌓였던 나쁜 독소도 해독된단다. 팥과 녹두 등으로 당시 고단한 삶을 뒷받침하면서 새벽에 일어나 밭일을 반복하는 데 도움이 되었다는 생각을 하게 된다.

인간의 눈에는 다 보이지 않지만 지구는 변함없이 돌아간다. 사람도 평상시 먹는 음식이 오장육부를 통해 생명을 유지하면서 삶에 치인 고난과 정신까지 순환이 되었으리라.

많은 인구가 같은 하늘 아래서 호흡하며 형성된 만물을 이용하며 각자 다른 삶을 살아간다. 방향이 다른 것 같으면서도 이미 밤낮을 이용해서 설정해 놓은 시간이란 틀 속에서 톱니바퀴처럼 맞물려 서로 개성대로 살아가고 있다. 과거와 현재, 미래로 구성해서 양력과 음력이 동시에 작동하고 있는 세상이다.

특히 음력으로 사용하는 사찰은 신자들이 돈 대신 햇곡식과 양초를 가지고 가던 시대에 어머니 심부름으로 자주 다녔다. 성의로 가지고 가는 곡식도 가정 형편에 따라 다 달랐다. 양이 다르지만 공동체 생활이기에 함께 모아 스님에서부터 모든 신자가 같은 음식을 먹는 사찰이었다.

삶의 지혜만은 풍부한 여성신자들이 모이는 장소다. 모아진 재료로 다 같이 골고루 나눠 먹을 방법을 찾느라 늘 분주하다. 제주의 농경 사회는 흰쌀이 귀하던 시대였다. 다른 곡식에 비해 양이 제일 적은 흰쌀로 떡을 만들어 나눠 먹기에는 부족할 수밖에 없다. 살림의 경험이 풍부하던 신자가 새알처럼 작게 빚어서 팥죽에 넣어 먹기 시작하지 않았을까.

지구가 주기적으로 새로 돌아가는 동짓날에 팥죽을 먹으면 나쁜 기운이 나가고 한 살을 더 먹는 날이라고 한다. 명절에나 먹는 쌀로 만든 새알을 먹으면서 누군가 설날 같다고 하였으리라. 서로 공감하면서 작은설이라는 유래까지 남기게 되지 않았을까. 당시에 비해 너무나 많이 변한 현실과 달리 사찰에서만은 아직도 내가 어린 시절 먹었던 팥죽의 맛과 향을 그대로 음미할 수 있다.

일구에서 오구까지 있는 대촌 마을이다. 십여 년 전부터 덕림사 정일회봉사단에서 팥죽을 봉사하고 있다. 시대 변화에 따라 이젠 노인정마다 원하는 대로 팥과 쌀을 갖다 드리고 있다. 더 나가서 각 기관에는 점심으로 마련한 팥죽을 나눠 드린다.

일 년에 한 번이지만 정성을 모아 끈끈하게 이어가는 봉사 중에 한 가지다. 복잡하고 변화가 많은 현실 속에서도 단단하게 뿌리가 내려 전통의 맥을 이어가고 있다. 메말라가는 사회에서 아직도 인정과 문화를 계승해 나아가는 곳은 사찰이었다.

교리 따라 가던 길

태고종 불교대학을 다니던 어느 날, 삼법인을 배우게 되었습니다. 우주만유를 관통하는 법칙이 연기라면 존재의 실상을 나타내는 것이 삼법인이라고 하였습니다. 한마디로 이 세상에 모든 것이 변하기에 부지런히 정진하라 합니다. 그 말을 듣는 순간 '돌은 어떻게 변하는 것이지.' 하고 의문이 생겼습니다.

세상의 모든 생명은 위로 올라가며 자라고 밑으로는 뻗어나가면서 잠시 멈추었다가도 다시 계절에 따라 생성한다는 걸 확인하게 됩니다. 무생물도 세월 속에서 기후와 햇볕에 의해 퇴색되면서 썩는다는 걸 의식하였습니다. 대부분의 돌만은 변화를 느낄 수가 없습니다. 돌은 시대에 따라 일상에서 많은 방법으로 이용해 왔습니다. 사용하며 다루기 전에는 언제나 같은 자리에서 머물고 있습니다. '변화가 있다면 어떤 식으로 변화하는 것인가요.' 하고 강의 도중에 질문을 하고 싶었습니다. 하지만 개인의 생각으로 강의 흐름이 다른 방향으로 빠져들게 될까봐 참았습니다.

정식으로 교리를 배워야 부처님은 온 지구인의 삶 속에서 일생동안 헌신하시면서 깨달은 진리라는 걸 알게 됩니다. 너무나 광범위해서 의문 가는 문제도 풀어가기가 쉽지 않습니다. 강의를 들은 후 돌 앞에만 가면 그동안 보고 들으며 읽었던 것들을 총동원해서 관찰하게 되었습니다.

물속에 잠겨있던 차돌을 건져 올려 깨어보아도 그 속에는 물기가 없습니다. 미세한 틈을 파고드는 물과 같이하면서도 그처럼 순환되지 않는 돌을 변한다고 설명한 이유가 있을까요.

인간이 사용하는 크기에 따라 변하는 모습을 말하는 것인가요. 아니면 돌 자체는 변하지 않아도 생명력이 있는 해초와 잡초, 이끼 등이 우주의 기운을 받아 서식하기에 변화라고 하는 것인가요.

위와 같이 혼자 생각하며 의문이 쌓여가던 어느 날입니다. 같이 공부하던 31기생들과 방선문 계곡에 나들이를 가게 되었습니다. 같은 지역이지만 주변의 거칠고 어두운 색깔을 지닌 돌들과 달리 계곡의 돌들은 연한 회색입니다. 색뿐만 아니라 본래의 형체는 그대로인 것 같으면서도 미세한 변화를 느낄 수가 있습니다. 의문을 안고 돌을 마주하고 나서야 변화의 모습이 제대로 보입니다.

돌에 대한 생각과 가슴에 담아두었던 기억들까지 서로 맞물려 돌아가는 과정에서 변화의 원인을 따라가 봅니다. 폭우가 쏟아지면 지상의 모든 물질들을 순환시키던 빗줄기가 사방에서 계곡으로 모아지면서 거칠게 내려갑니다. 휩쓸고 떠내려가던 거친 현무암 모서리마다 계곡의 암석과 부딪치는 찰나마다 장인의 손길처럼 구석구석 매만지며 변화로 이끌어가게 됩니다. 계곡은 폭우와 함께 거대한 과정을 통해 변화를 안겨주는 행로의 길이었습니다.

부처님은 2500여 년 전 "세상을 중심 삼아 온 우주 법계의 이치를 풀어내어 일상에 전파하셨다."는 말씀이 그제야 마음으로 다가옵니다. 살아생전 삼라만상에 존재마다의 속성이 기후 조건에 따라 내재된 가치마다 얼마든지 변화로 드러날 수 있다는 걸 설명하셨습니다. 계곡에서 뜻밖의 다가온 진리 앞에서 처음으로 풀어내었다는 감흥을 일으키게 됩니다.

가끔 태풍과 폭우가 쏟아질 때마다 산사태가 일어납니다. 둑이 무너지면서 계곡은 점점 파고들면서 범위를 넓혀가게 됩니다. 드러난 암석과 바위와 자갈들은 폭우가 쏟아지면 또 다시 필연적으로 맞이해야만 하는 압력에 휩싸이게 됩니다. 이미 자리 잡았던 암석들과 서로 부딪치며 정교하게 변화를 주며 나온 물질이 주변에 토사와 같이 쌓여서 증명하는 것 같습니다.

수억 년 전 계곡이 처음 생기면서부터 지금까지 폭우로 점점 넓혀 오면서 나타난 암석입니다. 폭우가 쏟아질 때마다 부딪치던 작은 돌들은 떠내려가는 반복을 수없이 하게 됩니다. 그 과정 속에서 아무리 강한 돌이지만 거친 물결에 떠내려가면서 서로 부딪치는 순간 순간을 놓치지 않고 변화로 가져왔습니다. 부처님은 수천 년 전 감지하였기에 당시 "기후 조건에 따라 얼마든지 변화가 나타날 수 있다." 고 설하였습니다. 수천 년 전 이미 감지했다는 게 정말 대단합니다. 변화를 가져온 암석들이 계곡에 지주처럼 당당하게 과정을 설명하고 있습니다.

한라산 꼭대기 육지에 있던 작은 돌이 폭우의 힘으로 그날 내가 있던 방선문 계곡까지 수만 길 내려왔겠지요. 다시 폭우가 쏟아지면 변화를 일으키며 작은 돌멩이는 수천 길 따라 바다까지 떠내려가게 됩니다. 또 다른 생물들의 보금자리가 되면서 긴 여정의 고난을 내려놓고, 한 생애를 안주하면서 또 다른 변화를 추구하게 됩니다.

수억 년 폭우마다 당당하게 수없이 품어 왔기에 계곡에서도 많은 변화의 실체로 드러난 예술 작품과 같습니다. 부처님의 생애에서 찾아낸 진리를 수천 년이 지난 지금에 와서야 느끼게 됩니다. 부처님은 얼마나 기상천외한 삶이었는지 가늠하기가 어렵습니다. 계곡에서 느끼던 감흥을 생각하다 보니 부처님이 풀어 놓은 실상도 어렵게 다가가는 중생이라는 걸 절실하게 일깨워 줍니다.

우주의 기후는 지역마다 같은 조건으로 받아들이고 있습니다. 개개인이 나름대로 삶을 키워가게 됩니다. 아직도 어설프기만 한 나는 '삶의 파동을 어떻게 다루어야 제대로 살고 가는 인생이 될까.' 하고 생각하게 됩니다. 불교 경전을 배우게 되어서야 끊임없이 추구해야 하는 인생이라는 걸 알게 되었습니다. 리포트를 작성하면서 변화의 실상을 한동안 찾아 따라다녔습니다. 부처님 범문은 어느 곳에 가나 충만하기에 그 어떤 자리에 가서도 자만해서는 안 된다는 걸 절실하게 일깨워 주었습니다.

4부

단 하루만이라도

노인과 모시

평생교육원 야간반에 다니며 고구마로 야식을 만들어 가게 되었다. 주말마다 또 다른 사람이 보리빵과 약밥, 호박떡 등을 가져온다. 일주일에 한 번 다양한 차와 간식으로 펼쳐진다. 그중에 모시송편을 가지고 온 이가 있다. 아직도 제주에서는 생소하였을까. 의문을 풀어가며 맛있게 먹는다. 떡을 가지고 온 이는 모시를 모른단다.

그때 오십대 중반이었으니 그는 농경사회에 태어났다. 당시는 밭구석에 무리지어 돋아나는 모시를 베어다 소와 돼지 주고, 새순은 껍질을 벗기고 간식으로 먹던 시절이었다. 그 별미를 모른다면 들에는 안 나가던 소녀였을까.

유년시절 동양자수 후배를 양성시키려고 조천에 방을 얻었다. 주인 할머니는 새벽에 일어나 텃밭에 잡풀을 뽑고 씨를 들이거나 수확하고 나면, 오후에는 어김없이 하얀 모시 한복으로 갈아입었다. 팔십대 노인이지만 일상에 따라 빈틈없이 바느질하거나 다림질을 하는 모습이 너무나 단아하게 다가온다. 마당에 티끌 하나도 용납하지 않아 손으로 줍고 다녀서 젊은 나도 늘 긴장하였다.

어느 날이다. "어린애들 가르치며 단속하려니 힘들지?" "나름대로 자제시킨다고 하지만 시끄럽지요?" "혼자 외롭게 살다가 사람 사는 것 같더니만, 지금은 우리 돼지 양식이 넘치고, 수돗가는 물 마를 시간이 없구나." 한다. 앞에서 크게 소리 지르며 야단치는 것보다 더 따끔했다.

중학교를 막 졸업하고 한창 생기가 넘치는 소녀들이다. 십여 명이 같이 자고 먹으며 사소한 일에도 웃고 떠들게 된다. 조용하게 살던 할머니에게는 정신이 산만했으리라. 후배들에게 할머니 말을 전하며 애쓰지만 임시뿐이었다.

어느 날 또 불러서 걱정하며 다가갔다. 비좁은 데 자지 말고 당신 옆에서 자라고 하는 게 아닌가. 의외의 말에 망설이는데 "왜 늙은이 냄새날까 봐?" 하는 뜻밖의 질문에 나도 모르게 "아닙니다." 하고 옆에 가 앉았다. 그제야 의문이 생겨도 엄격하기만 해서 물어보지 못한 한복을 가리켰다. "무엇으로 천을 만들었을까요?" "그야 물론 모시로 만들었지." "모시가 무엇인데요?" 할머니는 나를 바라보다 다른 화제로 돌렸다. 궁금했지만 더 이상 언급하지 못했다.

이튿날 새벽에 일어나 청소하는데, 할머니는 어느새 모시를 마련해서 돼지에게 주나 싶었는데 내 앞에 놓으며 모시에 대하여 설명한다. 어릴 때 짐승 먹이를 담당하며 부모에게 귀가 따갑게 듣던 모시다. 그 잡풀에서 고운 옷감이 나오리라고는 상상도 못했다. 껍질을 벗기는 시범을 보이면서 삼아서 실처럼 가늘게 이어서 타래를 만들었단다. 그 후에도 수십 가지 과정을 설명하며 끝나면 베틀을 이용하여 짠 천이란다. 나는 믿어지지 않는다고 하자 "그럼 자네가 사용하는 실은 어디에서 나왔는가.?" "누에고치에서 뽑았다는 말만 들었습니다." "그 과정 또한 얼마나 신기한가, 벌레를 키우고 벌레에서 실을 뽑아내어 여러 가지 염색한 실로 자네들이 다양한 기술을 펼치고 있지 않은가." 한다. 그제야 내가 가지고 있는 기술마저도 겉으로 키우는 데만 신경 쓰느라, 나에게 다가오기까지 과정을 모르던 자신이 부끄러웠다.

할머니의 섬세하고 부지런함 덕에 나는 의문이 생기는 사물 앞에 서면 호기심으로 이끌어가는 계기가 된 것 같다. 세월이 갈수록 자연에서 얻는 가치들을 느끼며 호기심과 관찰대상이 나타나 풀지 못하면 주인 할머니를 떠올리곤 하였다.

몇 년 후 할머니를 찾아뵈었을 때는 이미 돌아가신 뒤였다. 짧은 인연이지만 아쉽게 헤어져 부산에서 살다가 고향에 왔을 때 찾아뵈었는데 세월은 기다려 주지 않았다. 늘 뭔가 생각하게 하던 일부가 떨어져 나간 것처럼 아팠다.

세월이 가면서 한산 모시는 제조과정이 섬세하고 정밀한 만큼 중요무형문화재로 인정받는 과정을 자세히 보며 듣게 되었다. 당시 할머니와 함께한 몇 개월이 없었다면 TV를 통해 한산모시를 설명해도 무관심하지 않았을까. 빠르게 변하는 경쟁사회에서 관심을 두지 않는다면 주변에서 넘치는 가치도 느끼지 못하고 지나치는 일이 얼마나 많은가.

그동안 막연하게 의식만 하던 모시가 옷에서부터 식품으로도 알려지더니, 녹색 떡으로 다가왔다. 쑥떡 색과 비교하며 모시가 중심이 되면서 수십 년 전의 인연이 되살아난다. 비록 농촌에 살았지만 깐깐하면서도 언제나 단아한 할머니였다. 친 손녀처럼 자세히 설명해주기 위해 직접 시범을 보여주던 모습은 평생 잊을 수 없는 장면이다.

모시는 많은 과정을 거쳐야만 하얀 모시한복으로 탄생한다. 인생 경험을 많이 쌓으신 할머니가 위와 같이 본질을 일깨워 주지 않았다면 나는 어떻게 살아 왔을까. 본질의 눈을 키우는 대신 겉으로 드러난 모습에 치우쳤으리라. 어쩌면 당시부터 후배들을 양성한다는 이유로 부족한 자신도 저버리고 자만할 수도 있는 나이였다.

다행히 주인 할머니를 만나면서 세상에 드러난 가치가 본질적인 사물이 존재하지 않는다면, 존재할 수 없는 이치를 일깨워 주었다. 생각해 보면 당시부터 자연을 마주하면 생각하는 마음을 키우는 기회로 삼지 않았나 싶다.

요즘은 농약을 많이 사용하기에 모시는 사람 손발이 잘 닿지 않은 음지에만 보인다. 장소와 상관없이 자신의 실체를 드려내려고 깻잎과 비슷한 잎이 돋아나며 쭉쭉 올라가며 자란다. 다가오는 여름에는 모시를 모르는 동료에게 보여줄 기회가 왔으면 하고 생각해 본다. 수십 번 접하고 있으면서도 이름만 모르고 있는지 모른다.

할머니의 애환

여름 내내 맑게 갠 날이 별로 없었다. 농민들에게는 비가 안 와도 걱정, 많이 내려도 농산물 수확하기가 어려워 근심에 쌓인다. 멍하니 하늘을 쳐다보며 여름 농사는 망쳤지만 풍요로운 가을을 상상하며 위로를 삼는다.

농민의 마음을 천심은 아는지 모르는지 추석 전날, 단시간에 조천읍 지역에 이백미리 넘는 폭우가 쏟아졌다. 일 년에 두 번 짓던 농사를 기후에 따라 가을의 결실까지 다 망쳐 버렸다. 천상에서 내리는 빗줄기를 누가 감히 막을 수가 있으랴.

언제부턴가 기온이 급격하게 올라가고 있다고 한다. 이전보다 강도 높은 폭우가 해마다 증가하면서 지구촌 어디에서나 발생하는 자연재해가 일어나고 있다. 수년 전부터 해마다 새로운 상품이 쏟아져 나오더니 결국 작동하는 모든 상품이 전기와 에너지로 사용하며 자동화가 되어 버렸다. 자급자족하던 시대에 비하면 너무나 편한 세상이라고 입을 모으며 살아가고 있다.

수년 살아보고 나서야 편리한 만큼 대재앙으로 되돌아온다는 걸 알게 된다. 알면서도 되돌릴 수도 없는 시설로 자리잡아 버렸다. 개개인의 의지와 달리 살기 위해 사용하기만 하면 문제가 쌓이는 지상 위에 살고 있다. 산천에 단비처럼 가끔 내리던 비가 한꺼번에 폭우로 내렸다는 듯 제주섬 전체가 한 달 이상 비가 내리지 않는다. 모든 농산물이 제대로 자라지 못하고 속까지 메말라가는 모습을 신문 방송을 통해 보게 된다.

농민들은 새벽부터 밤늦도록 스프링클러를 돌리면서 농업용수는 턱 없이 부족하다고 한마디씩 한다. 불과 한 달 전에는 이상기온으로 비가 너무 많이 와서 한숨짓게 하더니, 비가 내리지 않아서 신음하는 농민들이 늘어나고 있다.

혼자 사는 노인이 밭에 수도가 설치되지 않아 옆 밭에 수도 요금을 같이 내고 사용하기로 하고 호수를 설치했단다. 메말라가는 마늘 위에 내리는 물줄기를 보면서 며칠 만에 단잠을 잤단다. 새벽에 일어나 가보니 호수가 빠져서 물 압력으로 떨어졌나 싶어 어렵게 다시 설치했단다. 저녁때 다시 가보니 부속까지 완전히 분리해 버렸단다. '주인이 사전에 이유를 설명하고 차단시켰다면 이렇게 섭섭하지 않았을 것을' 하며 노한다.

소규모 농사지만 천직으로 삼아 평생 지어온 할머니는 타들어가는 마늘을 지켜보다 상대에게 욕을 퍼붓고 싶은 심정을 꾹꾹 눌렀단다. 더 이상 참을 수가 없어서 지나다 들러 하소연하고 있으리라. 메말라가는 농산물처럼 인심까지 박해지는 현실로 변하고 있다. 할머니는 원하는 냉수를 마시고 힘없이 일어서는 모습을 보고 있노라니 우주를 짊어진 듯 너무나 버거워 보인다.

전문가들은 가뭄에 지하수를 퍼내는 톤수를 측정하면서 대책을 세우지 않으면 고갈될 수도 있다고 설명한다. 가뭄이 닥치면 농업용수가 모자라서 임시 해결하기 위해 지하수에 의존해온 현상이다. 한정된 지하수가 고갈되는 문제까지 겹친다면 농민뿐만 아니라, 섬 자체가 물 전쟁으로 이끌어가게 된다. 살아가는 데 물 문제보다 더 큰 문제가 있을까.

최초의 농경 사회에서부터 삶이 이루어졌기에 농부의 자손이 아닌 이가 어디 있을까. 태어나면 먹어야 살기에 제일 중요한 것이 물과 농산물이다. 가뭄과 홍수로 이끌어가는 원인을 모른다면 미룰 수도 있지만, 알면서도 해결 안 되는 이유가 있을까.

광범위한 문제이기에 개개인이 홍수와 가뭄은 어떻게 할 수가 없다. 도가 중심이 되어서 폭우가 내리면 한라산에서부터 계곡으로 많이 내려오는 빗물을 바다로 내려가기 전에 가두는 방법은 없을까. 가능하다면 피해를 주던 폭우를 자원으로 이용할 수도 있으리라.

많은 문제와 변화를 수년 지켜보고 나서야 전문가들이 설명하는 문제를 어느 정도 예측하게 된다. 큰 재앙으로 드러나기 전에 먹는 물과 농업용수를 구별하는 시설만은 더 이상 미룰 수 없는 문제로 설명하고 있다.

이전에는 우주 질서에 따라 살았다면 이제는 우리가 살아가면서 만들어가는 기후 이변을 받아들일 수밖에 없는 세상이 되어 버렸다. 비가 많이 오면 저장하고 긴 가뭄을 해결하며 제대로 맞물려 돌아가야 한다는 생각을 하게 하는 가뭄이었다.

체감 온도를 느끼면서

방충망만 두고 밤낮 유리문을 열고 지내던 어느 날 밤이다. 싸늘한 바람이 불어와 잠이 깨었다. 문을 닫으려는데 이쪽저쪽에서 귀뚜라미 소리가 가냘프게 들린다. 여름밤에 귀뚜라미 소리가 웬일인가 하며 살펴보았지만 보이지 않는다. 다른 곤충인데 착각하나 싶다가 차가운 온도를 체감하고 일어난 자신을 생각하며 달력과 시계를 보니 입추 날 새벽이다.

몇 시간 전까지 높았던 온도가 가을이 시작되는 새벽부터 내려가면서 전신으로 스며든다. 누군가 온도를 조정하지 않았건만 달력 날짜와 동시에 교차하는 시간에, 나의 세포도 동시에 일깨워 주었다는 게 신기하기만 하였다.

옆집 공터에 신축건물을 세우며 사포도와 철근과 합판 등 각종 재료가 쌓였다. 귀뚜라미는 땅속에서 동면하고 가을을 기다리다 선

착순으로 세상에 나왔으리라. 너무나 어수선한 환경에 놀라서 당황한 소리였을까. 이전에 옆집 마당에서 협주곡처럼 아름답게 울려 퍼지던 소리와 다르다. 방향을 잃어버린 것 같은 소리다. 수십 년 전 이곳에 이사와 이웃들과 함께하던 삶이 빠르게 스쳐 지나간다.

옆집에는 나이 많으신 할머니 한 분이 살고 계셨다. 오래된 슬레이트집이지만 넓은 마당에 금잔디가 심어졌다. 연세가 많았지만 새벽에 일어나 도로를 청소했다. 허리 아파하는 모습을 보면서 대신한다고 말려도 언제나 당신 스스로 해야 한다며 받아들이지 않았다. 청소가 끝나면 마당에 잔디를 매만지다 굴러다니는 작은 돌멩이를 주워 당신 분신처럼 울담 구멍을 정성껏 매우며 매만지는 일상이 이어진다. 마당에 낙엽 하나만 날아와도 줍고 또 주워서 사시사철 녹색 융단을 깔아놓은 것처럼 신선하다. 깐깐한 할머니 삶 덕에 여름에 창문을 열면 상큼한 바람이 드나든다.

어쩌다 할머니가 안 보여서 내다보면 몸살이 나서 누워계신다. 호박죽을 끓여다 드리면 그 어떤 죽보다 맛있게 드셨다. 사소한 마음에 늘 친 손부처럼 마음을 써 주시기에 서로 정이 많이 들었다. 백 세 가까이 사시다 저 세상으로 가셨다.

할머니가 살던 공간에 여러 가정이 들고나며 살더니 잔디는 메말라가는 부분이 점점 넓어진다. 울담도 할머니 온기가 사라지듯 사방에 허물어진다. 지켜보며 아쉬워하는데 서울에 살던 외손녀 부부가 와 살게 되었다고 인사한다. 기술자 없이 집 전체 내부수리를 하면서 매일 망치와 기계 소리가 반복되었다. 결국 기와로 지붕까지 교체하면서 삼 년 이상 걸리지 않았나 싶다. 마당과 올레에 허브 종류를 많이 심어서 자연의 향기와 다양한 곤충들의 소리로 생동감을 안겨주는 환경이었다.

수리하는 소음 없이 지낸 지 일 년도 안 되었다. 할머니가 돌아가시며 그 집을 물려받았다는 손자에게 산 다른 손자 부부가 새로 삼층 건물을 짓는다며 찾아왔다. 포클레인이 들어서 그토록 애써 수리하며 투자한 건물이 순식간에 폐기물로 쌓이는 모습을 보고 있노라니 너무나 허무했다.

수십 년 의지하고 동고동락하면서 많은 도움을 받은 우리 집 건물도 머지않아 다가오는 모습으로 상상하여서일까. 집은 살아갈수록 정이 들고 삶의 흔적이 쌓이며 안정감을 찾아가는 공간에서 평생 살아가는 방법이 있다면 얼마나 좋을까 싶다. 이사 와서 시대에 따라 창문과 보일러 등 여러 가지 교체했다. 건물 외부는 더 이상 견딜 수 없는 부분이 사방에서 나타나 다시 수리하며 투자하느니 새로 지으려고 식구들과 의논중이다. 어느 쪽으로도 결론을 내리지 못해서 깊은 생각에 빠져있을 때였다.

내 심정처럼 자연을 의지해서 살아가는 귀뚜라미도 너무나 많이 변한 환경이 혼돈의 땅이 되었으리라. 다행히 공사하는 재료와 사람들 발에 밟히지 않고 살아남았지만 터전이 사라질 위기에 놓이자 이리저리 뛰어다니며 탐색하는 소리였을까. 며칠 애잔한 소리를 내더니 살아남기 위해 어디론가 떠났을까. 밤이 되어도 그 어떤 소리도 들리지 않았다. 불길한 생각을 하다가 도로 건너편 밭도 매매되면서 농사를 중단했기에 잡풀이 무성했다. 곤충들이 서식하기에는 알맞은 터전으로 옮기지 않았나 싶었다.

모든 장애물을 뛰어넘어 좋은 곳에 자리잡는다 해도 걱정된다. 그 밭도 내년 초부터 건물이 들어선다고 한다. 사정을 알 리가 없는 귀뚜라미는 다음해 본능적으로 이 세상에 태어나려 할 때 집이 세워진 다음이라면 어떻게 될까. 터를 잘 잡아 동면하여야 내년을 기약할 수가 있다고 생각하게 하던 귀뚜라미였다.

할머니의 사랑

한 동네에서 같이 지낸 지 사십 년이 다 되어간다. 우리 집에서 한 집 건너 살기에 대부분의 일상이 보인다. 사소한 농사를 짓고 맞은편 밭 주변에서 말리고 그 자리에서 손질하기에 대강 알 수 있다. 손질이 끝나면 친정어머니처럼 애써 마련한 콩과 마늘을 갖다 준다. 땀방울로 만들어낸 일상을 알기에 정말 고마웠다.

과일로 답례하거나 특별한 음식을 하는 날이면 가져가게 된다. "손녀 같아서 준 것"이라며 다시 채소를 가져온다. 나이가 들면서 농사를 접었다. 친정에서 농산물을 가져와서 나눠드리면 다시 마당에 심은 채소를 가져온다. 그냥 받아도 되련만 한 번도 그냥 받은 적이 없는 것 같다.

양이 많으면 제일 먼저 나눠드리고 싶은 할머니다. 가지고 가면서도 어설프게 드려서 오히려 마음을 무겁게 하는 것 아닌가 싶어진다. 다음에는 일부러 할머니가 노인정에 가 없는 시간에 갖다 놓았다. 집에 와서 확인하고 바로 찾아와 갖다 놓았는지를 확인한다. 처음에는 아니라고 하였다. 그런데 누가 갖다 놓았는지를 며칠을 두고 고심하는 모습을 보고 두 번 다시 거짓말할 생각도 못하게 한다.

부담되는 마음을 편하게 해드리고 싶었다. 같이 사는 할머니 동생에게 "너무 세심한 할머니 마음 다 알았으니 다음부터는 되갚는 것 하지 마시라고 전해 주세요." 하자 아무리 말려도 받으면 되갚아야 하는 성격이라고 한다. 젊은 사람이 노인을 대접하면 고맙다는 말을 하고 받아들여도 되련만 청렴결백한 마음을 심고 살아간다. 새벽에 청소하려고 밖에 나오면 할머니는 이미 나와서 청소하고 있다. 멀리서 고개인사를 하면 방긋 웃으면서 손 인사를 반갑게 한다. 가을이 다가오면 가로수로 심은 조밥나무 잎이 수없이 떨어진다. 한 번에 떨어지지 않는다. 청소하고 돌아서면 또 떨어진다. 쓸고 또 쓸다가 다시 떨어지는 낙엽을 보면서도 청소를 멈추게 된다.

할머니는 빗자루로 쓸고 다시 떨어지는 나뭇잎은 손으로 한참 줍고 다닌다. 젊은 사람보다 집 앞이 항상 깨끗하다. 아무리 세월이 가도 조금도 흩트러진 모습을 본 적이 없다. 청소가 끝나면 깨끗한 옷으로 갈아입고 외출을 한다.

얼마 전 일이다. 통과 무거운 봉투를 들고 숨차게 삼층까지 다급하게 올라왔다. 우유와 죽을 갖다 놓았다며 생닭이라며 준다. 내가 가져가지 않았다고 하는데도 “자네가 아니면 갖다 놓을 사람이 없다.” 며 무조건 놓고 가려고 한다. 나는 절대 아니라며 손사레를 치며 설명하였다. 내려갔다가 한참 후 다시 올라와 놓고 가려고 한다. 할머니는 우리가 새로 집을 지은 후로는 줄 것이 있으면 알래 가게에 갖다놓았다. 그날은 생닭이기에 상할까봐 힘들게 삼층까지 오르고 내리던 정감에 진정한 사랑을 느꼈다.

정말 누가 갖다 놓았을까. 다음날 같이 사는 동생에게 물어 보았다. 시내에 사는 손녀가 갖다 놓았단다. 늦은 밤에야 연락 와서 그 시간까지 노심초사하였다고 한다. 할머니는 손녀 성의에도 되갚지 못해서 애쓰고 있었다.

할머니는 옛날 대부분의 노인들이 주고받던 제주인의 마음과 인심을 지니고 있다. 친할머니처럼 다가가려면 마음을 제대로 알아야 하는데, 세대가 달라서 쉽지 않다.

어느 날, 통계청에서 노인과 다양한 세대들을 호구조사한다고 왔다. 몇 번 와도 옆집에 할머니를 만나지 못했다고 고민한다. 노인정에서 오는 시간을 대강 알려 주었다. 아가씨는 다른 곳에 가서 조사하다 우리 집에 와 기다리다 할머니를 만났다.

할머니는 필요없다며 사양한다. 세상이 복잡하고 노인들에게 나쁜 의도로 다가가는 사기꾼이 판치는 세상이다. 노인정에 다니면서 정보를 들었으리라. 아무리 단속해도 사기를 치는 사람들은 끊임없이 연구하며 나타나기에 평범한 사람은 그 머리를 따라가지 못한다. 아무리 마음이 너그러워도 낯선 사람이 다가오면 경계부터 하게 되는 현실이 되어 버렸다.

할머니도 아가씨가 나쁜 의도로 접근하고 있을까봐 내용은 들어보지도 않고 무조건 사양한다. 내가 설명하자 당신 대신 나보고 하라고 한다. "저도 이미 하고 있어요." 하자 "자네가 하고 탈 없으면 나도 해야지." 하고 승낙한다. 나는 친정 할머니처럼 다가가고 싶어도 마음뿐 제대로 대접하지 못하고 살아왔다. 할머니는 정말 나를 신임하고 있다는 걸 알게 되자, 수십 년 가까이에서 지내던 수많은 날들이 드라마처럼 스쳐 지나간다.

'계속 친할머니처럼 다가가려면 어떻게 해야 할까.' 하고 신중하게 생각하게 한다. 같이 사는 동생은 일 나가고, 노인정 가는 시간 외에는 늘 혼자 집에 계시기에 살갑게 자주 다가가면 좋을 것 같다고 생각하면서도 바쁘다는 이유와 그럴 주제가 안 되는 자신을 되돌아보게 한다. 건강하게 늘 옆에 사신다면 멀리서 보고만 있어도 마음이 든든하고 정신적으로 의지가 되는 따듯한 마음을 지닌 할머니다.

옛날 제주의 전형적인 인심을 고스란히 안고 살아가는 일상이다. 그중에 마지막 세대가 전신으로 부딪치며 생명줄처럼 끈끈하게 붙잡고 살아가고 있는지 모른다. 이 각박한 세상에서 끈끈한 정감을 이어가지는 못해도 사라지기 전에 표현해야 한다는 의무감으로 다가오게 하던 할머니다.

단 하루만이라도

친정에 가는 날이다. 딸을 보자마자 어머니는 "이전에 마련한 것 좀먹어서 다시 마련했다."는 수의를 보여준다. "살아생전에 옷도 제대로 갖추지 못하면서 죽어서 입는 옷에 왜 집착하나요." 하자 딸의 말은 아랑곳하지 않고 "내가 말해 줄 테니 기억했다가 죽으면 순서대로 입히는지 살펴다오." 하며 하나하나 꺼내며 설명하는데 마음이 착잡했다. "이걸 꼭 지금 들으며 기억해야만 하나요?" 애써 설명하는 어머니와 달리 나는 먼 훗날 이야기처럼 대강 마무리해버렸다.

착 가라앉은 목소리로 "자식들에게 신세지지 않으려고 열심히 살아왔는데 죽어가면서 입는 옷 마련하지 못한다면 평생 애써 살아온 보람이 있겠니." 한다. 물질만능의 현실 속에서도 당신 능력에서 벗어나는 호사는 마다했다. 어쩌다 생각나 옷이나 음식을 권하면 경제적으로 의지하게 될까봐, 필요없다며 소박하게만 살았다. 어머니다운 생각이라고 마음에 와 닿으면서도 돌아가실 준비를 한다는 짐작은 못했다.

평생 한결같은 마음으로 당신 도리에는 매진하는 심성을 지닌 어머니였다. 8남매 자식은 현실에 따라 각자의 개성을 부모에게 드러내느라, 소중한 시간들을 버릇없는 죄만 키우며 낭비한 것만 같다.

얼마 후 어머니가 바다에 갔다가 다쳐서 119 도움으로 병원에 가서 치료 받았다. 퇴원하기 전 시티촬영으로 조금 나타나던 폐와 심장이 심해져서 또다시 입원하게 되었다. 점점 심해지는 이유는 두 가지 병이 극과 극이라서 치료하기가 어렵단다. 차도가 없어 애타는데 병원성 균까지 침투했다. 나는 병원성 균이라는 걸 알았다면 그에 대한 약이 있는 것 아니냐고 의사에게 말하자 아직은 외국에서도 개발하지 못했다는 말뿐이다.

깨끗한 병원으로 옮기려 할 때는 움직이면 위험한 단계였다. 심장을 치료하면 폐가 나빠진다. 폐를 치료하면 심장이 점점 나빠졌다. 서울대학병원에 있는 아들 친구에게 확인하며 서울병원으로 옮겨가려고 했다. 어머니가 짊어진 병은 서울에 가도 차도가 없는 병이란다. 환자는 병을 이기지 못하고, 원장은 두 가지 병을 한꺼번에 다스리지 못해서 결국 저세상으로 보내게 되었다.

무슨 병이든 다스릴 것 같은 최첨단 기술과 시대와 다르다. 병원에 계시면서 큰딸을 마주하면 그동안 자식들에게서 일어났던 일상들을 설명한 것이 삶의 마무리였을까. 더 이상 한 마디 없이 굳어가는 모습을 보면서도 붙잡지 못했다. 자신의 한계를 느끼며 암흑 속에 들어선 것처럼 막막하기만 하다.

날이 밝으면서 큰딸인 나에게 떠밀려오는 일정에 따라 제일 먼저 수의가 떠올랐다. 글을 못 쓰던 어머니는 이런 날을 위해 유언 대신에 수의 앞에서 평생의 삶을 마무리하려고 하였던 것 같다. 마음을 제대로 파악하지 못한 어리석은 자식이 되어 있다. 마음속 깊은 곳에서 뭔가 치밀어 올라오다 부끄러운 듯 목전에서 삼키게 된다. 장례식장에서 호상 전문가와 확인한 후 부족한 두 가지를 채웠다. '입히는 순서는 절대 바꾸어서는 안 된다.' 는 간곡한 망자의 유언이라며 부탁하자. 전문가들이니까 믿고 '옷 입힐 때 와서 지켜보라.'고 한다.

어머니의 평소 소원대로 49재를 지내는 동안 최선을 다했다. 주체할 수 없는 서글픔으로 가시고자 하는 저승길에 방해가 될까봐 매주 지내는 재에서부터 49재 기간 동안 모든 감정을 묻어버리려고 애썼다. 오직 정성을 쏟아 열심히 절하며 "부처님! 저희 어머니가 가고자 하는 곳으로 인도해 주세요!"하고 발원을 세워 놓고 빌고 또 빌었다.

아무리 세월이 지나도 모녀 사이의 아쉬운 점은 앙금처럼 마음속에 가라앉아 있었을까. 어머니가 돌아가신 지 일 년이 지나던 어느 날이다. 수의 만드는 할머니를 우연히 만났다. 어머니가 돌아가자 여운에 부딪쳐 저려오던 가슴을 삭히던 순간들을 생각하며 수의 만드는 집으로 들어섰다. 할머니가 설명하는 대로 적어서 다시 옷 입는 순서대로 정리해 보았다.

요와 이불 베게 · 내의와 속바지와 겉바지 · 속적삼과 겉적삼 · 속치마와 겉치마 · 검은 호상과 장옷 · 두루마기와 허리띠 버선과 신발 · 오색실과 맨 나중에 싸는 대렴포 · 다음 몸을 묶는 배 · 염라대왕에게 바치는 노랑검정 명주 세자 반 · 저승에서 갈아입는 옷과 저승에서 사용하는 지전과 손수건 · 26가지다. 숫자는 많지만 그다지 어렵지 않게 다가온다.

좀 더 현명한 딸이었다면 어머니가 호상을 내놓고 설명하는 날 위와 같이 글로 적어서 이해시키고 성의를 보여 드렸다면 단 하루라도 마음을 가득 채워 드릴 수 있었으리라. 큰 욕심이 없는 어머니는 금은보화를 드리는 날보다 더 뿌듯하였는지 모른다. 지금까지는 어머니에게 대하던 일상들이 연습이고 다시 그 상황이 다가온다면 도리를 다할 수 있을 것 같다. 인생은 연습의 기회가 있을 만큼 길지 않다고 한다. 무심코 던진 말 한마디와 주어진 시간마다 한 생애에 다 포함된 것 같다. 경험으로 뼈저리게 느끼기 전에는 깨닫지 못하는 어리석은 중생으로 태어났기에 기회를 놓치고 살아가는 인생사일지 모른다.

건초처럼 메말라가는 심정을 품고도 오직 한결같은 심정으로 자식들에게 단비처럼 촉촉하게 내려주던 어머니다. 그 자리가 얼마나 고단한 자리인지 조금은 알게 된다. 나이만큼 경륜을 쌓아가는 자식들에게 삶의 여운을 통해 대대로 엿보게 된다는 걸 일깨워주고 간 것 같다.

토속 음식의 진미

교육원에서 한 학기 함께 수강하다 종강파티로 모이는 마지막 남은 주가 다가왔다. 장소를 모색하는데 식당음식이 싫다던 공 선생이 자신의 집으로 초대한다. 애정이 없다면 아무나 흉내낼 수 없는 쉽지 않은 결정이다. 고마우면서도 선배에게 대접을 받는다는 것이 미안하다. 그렇다고 상생식에 참석 안 한다는 것도 도리가 아니었다.

수년 감귤농사를 짓던 일을 그만 두었단다. 터전에 다양한 나무로 조경하고 남은 공간에 심겨진 각종 채소들이 추위와 맞서 견디고 있다. 보고 있노라니 강인한 공 선생의 마음과 모습을 연상하게 한다.

집안으로 들어서자 음식 냄새가 코를 자극한다. 마주한 음식은 사계절의 식품이 총동원되었다. 봄 이슬을 먹고 자란 고사리나물과 여름에 말린 애호박 등의 채소가 가득하다. 가을에 많이 나는 버섯과 해산물을 곁들인 찬들도 있다. 겨울 달래무침과 잡채와 육고기 꼬치와 쑥전도 자리잡았다. 쇠고기와 낙지를 넣어 끓인 연포탕까지 온종일 종종거리며 정성을 담아낸 진정성이 나타난다.

넋을 놓고 보다가 까마득히 잊고 살던 할아버지 말씀이 떠오른다. "먹는 음식만이 뼈를 튼튼하게 하고 살과 피를 만든다." 는 말씀을 자주하였다. 이제 와 생각해 보니 순간적으로 나온 말이 아니었다. 수십 년의 삶 속에서 묻어난 진리였다.

이전에는 여러 형태의 모임을 일괄적으로 서로 돌아가며 각자 집에서 음식을 나누던 시대가 있었다. 어느 때부터인지 나름대로의 솜씨를 가슴에 묻고 번거롭다는 이유로 식당에서 해결하는 외식문화로 바뀌었다. 옛날에 비하면 정말 편한 생활로 이끌어가고 있다. 대개의 식당은 나름의 특색이 있지만, 이윤을 앞세워 만들기에 진정성을 찾기는 어렵다.

아무리 고급 음식이라도 한 끼 이상 먹고 나면 칼칼한 된장국과 제철에 나는 채소를 생각나게 한다. 선호하는 손님들이 늘어나기에 토속음식을 만드는 식당이 계속 늘어나고 있다. 식당이 아무리 많고 음식 모양새가 그럴듯해도 재료의 맛은 거짓이 없다. 질이 떨어진 재료로 사용한다면 화학조미료를 많이 사용할 수밖에 없다. 특히 태어나면서부터 토속 재료를 마련해 먹으며 살아가는 기성세대는 어떻게 완성되었는지 한 수저만 먹어봐도 알게 된다. 알기에 한 끼도 소중하게 생각하던 선생님은 수고를 마다않고 집으로 초대했다.

그 마음은 요즘에 가족 건강을 위해 재료에서부터 음식이 완성되기까지 보고 듣는 지식이 필요한 시대에 꼭 필요한 모습이었다. 끼니마다 늘 긴장해야 하기에 가끔 주부의 위치에서도 버겁다는 생각을 하게 된다. 마음 따라 '어쩌다 외식하는 기회가 오면 괜찮지 않을까.' 하고 생각하며 따라가게 된다.

평범한 마음과 달리 선생은 얼마든지 같이 휩싸일 수도 있는 분위기 속에서도 모든 수강생을 위해 노고를 짊어지고 나섰다. 건강을 위해 꾸준하게 가꾸어온 삶을 동료 후배들에게 마음을 열었다. 들과 산에서 계절에 따라 거두어들이며 먹고, 나머지는 정성스럽게 하나하나 손질하고 말렸단다. 평생 외식보다 가정식에 충실한 삶을 이어온 마지막 세대였다. 노고로 인해 오직 토속 재료만으로 마련한 음식을 맛보는 날이다.

각자 먹을 만큼씩 담는 그릇이 마련되었다. 다 맛보고 싶지만 가짓 수가 너무 많아 한꺼번에 담기에는 무리다. 달그락 달그락 부딪치는 소리와 함께 음미하고, 동시에 주인을 향해 "너무 맛있어요. 정말 수고하셨습니다." 하자. "맛있게 먹자."며 활짝 웃는다. 백 마디 말보다 아름다운 미소가 초대 받은 모든 사람들을 편하게 해 준다.

주인과 객이 서로 한마음으로 이루어져서 만찬을 즐기게 된다. 먼저 음식을 다 먹은 이가 음식 담긴 그릇을 들고 와 나눠준다. 기본 양보다 많아도 건강에 좋은 찬이라며 마음껏 맛있게 먹었다.

마루에 설치한 난로에서 번져 나오는 열기와 은은한 나무 향기와 고구마 냄새가 더욱더 넉넉한 분위기로 이끌어간다. 참으로 오랜만에 마주하게 된 난로다. 둘러앉아 후식으로 과일과 고구마 등을 맛보며 A 교수님의 마지막 강의가 이어진다. 정말 부족함이 없는 종강 파티가 되었다.

"선생님, 애쓰셨습니다. 그리고 끈끈한 애정으로 가정식에 초대해 주셔서 정말 고맙습니다."

싱그러운 꽃송이

우편물 중에 서적이 한 권 도착했다. 「제주유배인과 여인들」 이란 제목과 지은이 프로필을 먼저 읽어 내려갔다. 까마득히 잊고 있던 문협 행사가 뇌리에서 스쳐 지나간다. 행사에서 '역사 속 여성들' 이란 강의를 들으며 처음으로 여성의 구성원이란 단어를 생각하며 빠져들었다. 평소라면 문학에 대한 애착으로 의미를 놓치지 않고 바로 수필로 남겼으리라. 개인적인 또 다른 감정에 사로잡혀 생각과 마음이 따로 따로 흩어진 날이다. 선생님의 강의를 듣고 마음에 와 닿으면서도 시일을 보내다, 놓쳤다는 것이 늘 뭔가 하다가 중단한 일처럼 뇌리에서 감돌았다.

많은 세월이 지나가 버린 지금에 와서 생각나는 이유가 있을까. 행사 이후 선생의 작품을 접하고 강의를 듣다 보면 여성에 대한 연구를 끊임없이 하는 분으로 자리 잡았다. 뵐 때마다 자신을 굳이 거창하게 설명하지 않아도 다양한 직책이 잔잔한 언어와 인품에 묻어난다. 나와 격이 다르다고 생각하던 분이 책을 보내와서 사람이 살아가는 냄새가 전해오는 것 같았다. 너무나 고마워 작은 답례를 하였다.

며칠 후 “농촌에서 서점에 다니기 어려울 것”이란 짧은 자필과 함께 다시 세 권의 책을 보내왔다. 인생과 문학에서 한참 선배이기에 그대로 성의를 받아도 되련만 다시 상대방 삶까지 배려하는 마음이 다시없는 큰마음이었다.

‘어떻게 보답해야 넘치지도 모자라지도 않는 선물이 될까.’ 하고 생각에 머물게 된다. 얼마 후 문협 회장으로 취임한다는 소식을 들었다. 현장을 상상하며 ‘삼단 화환으로 할까, 아니면 아름답게 피어난 난이 어울릴까, 쉽게 구하는 것보다 색다른 선물이 없을까.’ 하고 생각하다 그분의 삶을 다시 떠올려 본다.

지회 편찬 상임위원과 자연박물관 민속 연구원을 비롯하여 문화재 감정관 등 예술과 전통에 대한 연구에도 관심이 많은 분이라는 생각에 머물렀다. 아직 조화를 잘 다루지는 못하지만 최선을 다하여 성의를 보인다면, ‘열의만은 전달이 되지 않을까,’ 하고 생각하며 꽃병을 마련했다.

때마침 주황색깔의 생동감 있게 피어난 금잔화를 오가며 관찰하던 중이었다. 두 겹의 꽃잎이 치밀하게 겹쳐져 피었다. 꽃을 꽃병에 피어나는 지화로 선택하기로 하였다. 눈보라치는 혹한에도 음지에서 가녀린 꽃잎이 추위에 파르르 떨면서도 냉해를 견디고 있다. 살아있는 생명이라면 중압감에 시달린다고 생각하던 추위 속에서도 지배받지 않고 치열하게 수없이 많은 꽃송이들을 발현시키고 있다.

많은 생각을 담아 다양한 여성을 다루는 선생님처럼 무리지어 피어난다고 생각하게 한다. 밤이 되면 사람이 잠자는 것처럼 봉오리로 오므려졌다가 아침과 함께 다시 활짝 피어난다. 사람의 일상처럼 이어간다는 생각을 하다보니 더욱더 애착이 가는 꽃이 되었다.

그 꽃 앞에 서면 글을 쓴다고는 하지만 자신을 알기에 선배들 앞에서 움츠리는 후배에게 늘 변함없이 따뜻하고 편견 없이 받아들이는 선생님의 마음을 떠올리게 한다. 다양한 삶 속에서 연륜 없이는 쉽게 나타나지 않은 마음이다. 혹독한 추위 속에서도 싱그럽게 피어난 금잔화에서 언제나 미소로 답하는 선생의 삶과 모습을 연상해본다.

제주여인의 기질이 묻어난 예술과 전통에 대한 연구뿐 아니다. 의녀 홍윤애 등 여성에 대한 작품들을 끊임없이 추구하고 있다. 삶의 범위만큼 다가온 문협 회장으로 취임식하는 날이다. 입구에서부터 회장이 인사할 교탁 옆까지 수십 개의 크고 작은 화환들이 진열

되었다. 그동안 선생이 쌓아 온 소산물에 놀라지 않을 수가 없다. 순간적으로 화려한 화환들과 가지고 간 금잔화 지화를 비교하다 잘못 선택한 것이 아닌가 싶어 들어가기를 망설이게 된다.

그렇다고 그대로 들고 되돌아갈 수도 없지 않나 싶어 초심을 의지해서 들어가 직원에게 내밀었다. 고마워하지만 지나치게 생각하다 선택한 선물로 선생에게 실망감을 안겨드린 것 같아 긴장하게 된다. 취임식이 끝나자 말없이 집으로 오게 된다. 해명이든 변명이든 전화를 드려야 한다면서도 이유를 찾으며 망설이게 된다.

이튿날이 되어도 선생은 대행사를 마치고 피곤하겠다 싶어 전화할 엄두도 안 난다. 이런 나에게 선생이 먼저 전화가 왔다. 생각지도 못했다. 오래전부터 지화에 관심이 많았다며 너무나 잘 만들어서 집에 가져갔단다. 기쁘면서도 믿어지지 않아 대답할 말을 찾아 망설이며 계속 이어지는 말씀을 듣고 있었다.

아무리 힘들고 어려워도 "끝까지 전통의 맥을 이어가기를 바란다." 고 여러 가지 조언까지 하여 준다. 선생이 어떤 분이라는 걸 알고 마련한 선물이다. 초심 앞에서도 크고 화려한 선물들과 비교하며 혼자만의 감정에 빠진 후배를 바로 잡아주듯, 한참 전통이란 가치를 설명하여 주었다.

선생님 생각만 들어도 그동안 쌓아온 연륜이 묻어나면서 취임식

날 나의 행동을 부끄럽게 한다. 뜻있는 조언과 의미를 가슴깊이 새기고 전시회 할 지화에 더욱더 심혈을 기울여야 한다는 열의가 샘물처럼 샘솟게 한다. 넘치는 사랑을 받으면서 '무엇으로 대신하지?' 하고 행복한 고민을 하게 하던 선생님께 이 지면을 통해 인사를 드려본다. "선생님 정말 고맙습니다. 그리고 감사합니다!"

마음의 부자

수년 전 어느 날이다. 우리 집에서 남편 친구들이 한 남성을 술안주 삼아 한참 이야기하였다. 한 친구가 "남자로 태어났으면 나 정도는 되어야 한다." 며 남자다운 남자라고 자칭하고 나선다.

이야기는 십 년 전으로 거슬러 올라갔다. 신제주에서 부인과 식당을 하다가 차 사고로 교도소에 들어가게 되었단다. 교도소에 들어서자 교도소에서 특별한 사람들이 입는 하얀 한복을 교도관이 내밀더란다. '내가 이런 옷을 입어도 될까.' 하고 생각하면서도 입었단다. 한복을 입은 자기를 본 죄수들은 더 당황하여서 "당신은 깡패 두목도 아니오. 그렇다고 무슨 파 두목도 아니고 도대체 당신은 어디에서 온 누구냐~고요?" 하고 물었단다. 듣고 있던 친구가 "뭐라고 대답하였는데?" 묻자 "나는 바로 대답 안 하고 눈치를 보았다."라고 한다.

친구들은 서로 긴장하며 다음 이야기를 기다렸다. 당시만 하여도 교도소에 들어간 사람은 깡패 아니면 무슨 파와 두목들이었다. 자기들 세계에서는 안 보던 얼굴이 나타나자 재수들은 혹시 '숨어 있는 두목이 아닌가.' 하고 의심하기에 나도 모르게 분위기에 따라 갈 수밖에 없었다고 하자 친구들은 "그렇게 연극한다고 넘어갔니?" "처음 보는 얼굴에다가 더벅머리에 날카로운 눈매와 깐깐한 모습으로 들어서자마자 하얀 한복을 입고 떡 버티어 양반 자세로 앉았는데 저들이 얼마나 놀랐겠니?" 한다. 같은 방에서 자기 모습을 본 죄수들은 "자존심 상하면서도 나에게 위험을 느껴 함부로 할 수가 없었지." 한다. 왜 그래야만 하느냐고 물었더니 "교도소에 들어가면 서열이 있어서 한 공간에서 복종하게 하려고 들어가면 담요를 씌워 무조건 패는데 그런 절차를 생략하였다."라고 한다.

밀폐된 공간에서 여러 재수들이 의심의 눈빛으로 고정하기에 아무리 강단이 있어도 긴장하지 않았을까. 위험한 상황 속에서도 대처한 자신을 내세우며 장시간 설명하고 있다. 교도소 내부에서 일어났기에 무거운 이야기지만 친구들과 서로 옛날이야기처럼 재미있게 풀어놓았다. 분위기와 달리 이야기가 멈추어 있는 것 같아 나도 끼어들었다.

한복은 어떻게 입게 되었냐고 묻자, "가끔 인생을 논하는 후배가 사고 소식을 듣고 면회를 와서 교도소 안에서나마 편하게 지내도록 미리 한복을 마련해서 넣었다." 고 설명하더라고요. '어려움에 처하고 막막할 때 도움을 받을 만큼 상대방에게 신임을 얻는다는 것은 정말 대단하다고 한 친구가 말하자, 또 한 친구가 "그래, 너는 역시 남자다운 남자이기에 어디에 가도 대우를 받는구나." 했다 서로 술잔을 부딪치며 자리는 더욱더 무르익어갔다. 겸손이 미덕이던 시대와 너무나 많이 달라졌다. 자기 피알 시대에 따라 본인의 장점을 살려서 소통하며 더욱더 신뢰를 쌓는 시대가 되었다.

그때만 하여도 남자들이지만 서로 집집마다 제사 먹으러 다니면서 순수한 우애가 독특하여 여덟 명이 한자리에 모이면 어떤 이야기도 소화시키는 모습이 참 보기가 좋았다. 특히 교도소 문제를 자청하여 나설 만큼 대우받은 이유가 있을까?

당시 현실에서 대우받는 사람처럼 많이 배우거나 특별한 직업이 있는 것도 아니다. 사고가 난 당시를 되돌아보았다. 교도소에 들어갔다 나오면 문제를 파악하고 법에 대한 문화도 제대로 알려고 하지도 않았다. 대부분 선입견으로 받아들이던 시대였다. 세월이 흘러서 시대에 따라 옛날이야기처럼 당당한 기백과 견해가 다르기에 특별한 대화로 이끌어 간다.

지금은 이십 년 전 사건이 되었다. 당시엔 돈이면 무엇이든지 다 할 수 있을 정도로 그 위력이 대단하였다. 하지만 남편 친구는 돈을 벌며 재산과 권력을 쌓는 것 못지않게 본인의 장점을 살려 '인심을 얻었을까.' 하고 생각하다 한복을 넣은 사람에 대하여 물어보았다. 갈 곳 없고 방황하는 사람들을 식당에서 먹이며 리더하여 왔다는 걸 알 수가 있다. 특별한 것은 농촌에 살다가 신제주에 간 지 몇 년 되지 않았는데 사람들을 통솔하는 길은 쉽지가 않았으리라. 당시만 하여도 남자들 세계에서 엿보지 않으면 평범한 삶에서는 알 수 없는 스토리였다.

아내는 이야기를 듣다가, "자본 위기에 있는 동창회장 자리를 해결할 사람은 남편뿐이라고 하며 맡겼다고 걱정한다. 자기 가정의 애로사항은 뒤로 미루고 공동체부터 살려야 한다며 무조건 받아들였단다. 요즘 서울과 사방에 뛰어다니느라 집을 비우는 날이 더 많아서 혼자 펜션 운영하기가 버겁다고 한다. 아내 말을 비집고 들어가 "아무리 힘들어도 짊어지고 실력을 발휘하면 되는 것 아니냐며 나만큼 실력 있는 사람 있으면 나와 보라."고 큰소리친다.

어떠한 삶도 하루아침에 이끌어갈 수 있는 능력이 생기지 않는다. 다양한 사업을 하며 많은 사람들과의 깊은 인연을 이어온 결과였으리라. 어려움을 마다않고 공동체를 살려 나가는 장점으로 인정

받는다면 그보다 큰 재산은 없으리라. 초등학교에서부터 고등학교 동창에서는 '부자' 하면 제일 먼저 손꼽을 만큼 마음은 최고로 부유하게 나타나는 장점이 두두러진다.

일상의 경지를 뛰어넘어 언제 어디서나 분위기에 따라 주변 사람들을 이끌어가는 언변이 뛰어난 남편 친구 이야기였다.

5부

영등할망의 바다

태풍과 농산물

영등할머니가 들어왔다 나가는 날이다. 해안 도로를 따라 친정으로 가는데 모든 농산물이 펄펄 끓는 물에 들어갔다가 나온 것 같다. 천지가 개벽할 것처럼 요동치는 바다에서 불어오는 태풍 피해 때문이다. 친정집에 들어서자마자, "며칠 전 불었던 태풍에 피해는 없나요?" 하고 물었다.

"다른 해보다 심해서 두산봉 뒤쪽에 있는 밭까지 피해가 갔구나."

"바다와 거리가 멀고 두산봉이 가로막아 지금까지는 지장이 없었잖아요?"

"그러게 말이다."

막연하게 대답하는 농부의 말을 듣던 딸에게 '해풍이 도대체 무엇이기에 피땀 흘려 가꾸어 놓은 많은 생명체들을 순식간에 망쳐버릴 수 있는 저력이 있을까.' 하고 의문이 생긴다.

다른 바람과 달리 해풍은 바닷물과 합세해서 사방에 날아다니며 크고 작은 농산물들을 순식간에 할퀴고 지나간다. 살을 발라먹고 앙상한 뼈대만 남아있는 생선 가시처럼 줄기만 남아있는 농산물이 대부분이다. 광경을 보고 있노라니 농민들의 한숨 소리가 밭 가득 맴돌고 있는 것 같다.

이전에는 동쪽에서 서쪽으로 불어닥치는 부분만 피해를 입었다. 사면이 바다로 둘러싸여 살아가는 만물들에게 경고라도 하는 것인가. 섬 구석구석 스며들던 강풍이라는 걸 절실하게 일깨워 준다. 해풍 강도에 따르기도 하지만 바로 비가 많이 내리면 농산물에 소금기 씻어내어 더러는 되살릴 수 있다. 그런데 올해 해풍은 너무나 건조하면서 모든 농산물을 완전히 망쳐버릴 정도로 그 위력이 대단하다.

다음해 영등할머니와 같이한 거친 바람이 불어오자 따라가 강도를 확인하고 싶어 우비를 입고 해풍이 바로 부딪치는 해변으로 내려갔다. 걸어가노라니 얇은 우비는 순식간에 찢어지고 날아간다. 바람대는 거칠게 흔들어 댄다. 아무리 원하는 속도와 방향으로 가려고 하여도 바람 방향으로 밀어낸다. 어느 순간 칼끝처럼 매서운 바람이 가슴팍으로 파고 들어가더니 심장박동수가 증가한다. 방심하는 사이에 방파제를 뛰어넘은 파도가 날아와 덮치면서 눈에 들어가 따가워 제대로 눈을 뜰 수가 없다.

외부에서 들어간 파동이 조용하게 순환하던 내부와 서로 부딪쳤는지 전신이 수축되는 것 같다. 굽어서 숨을 고르는데 담벼락 밑에 잡초가 흔들리며 '겨우 그 정도에서 멈추니?' 하며 주시하는 것 같다.

몇 분 안 되었는데 멈추어선 인간에 비해 자연은 태어난 곳에서 거친 해풍을 해마다 유연하게 받아들이며 견디고 있었으리라. 그중에서도 더 강한 나무를 심어서 아무리 강한 바람이지만 육지로 날아들기 전에 부딪치며 다시 바다로 되돌려 보내는 방법은 없을까.

생각하다 보니 종달리 해변에서 '우묵사스레피 나무'가 동쪽에서 서쪽으로 쏠리면서도 견디어 낸 모습이 떠오른다. 나는 그 모습에 이끌려가 자세히 살펴본 적이 있다. 전신이 서쪽으로 휘어지고 비틀어지면서 분재처럼 새롭게 탄생했다. 변화로 가져오기까지 고난이 닥쳐와도 자리를 피할 수 없는 숙명으로 자리 잡고 있었다. 해마다 상처가 생기면서도 스스로 치유하는 반복을 하면서 생존경쟁에서 치열하게 살아난 소산물이었다.

이구에서 일구 방파제까지 겨우 돌아보는데 전신이 휘청거린다. 가벼운 농산물이야 며칠 불어닥치는 해풍에 형체도 없이 휩쓸고 가고도 남을 정도로 해풍은 강하다. 우묵사스레피 나무는 어린 묘목에서부터 그곳에 자리 잡았으리라. 다가오는 태풍과 기후를 거슬리지 않고 그대로 받아들이며 원천의 힘이 존재했기에 무너지지 않고 형성하고 있었다. 직접 거친 해풍과 맞서고 나서야 해마다 해풍과 수많은 고통을 다스리며 진화해 온 사철나무라는 걸 알게 되었다.

해변에 돌아가면서 우묵사스레피 나무가 심겨졌다면 아무리 강한 해풍이 불어와도 부딪치고 부서지던 바람을 바다에서 사라지게 하였을까. 뼈대만 남아있는 농산물을 보면서 아파하다 답답해서 엉뚱한 생각에 매달리게 되었는지 모른다. 해안 도로에 빈틈없이 나무를 심을 수도 없다. 어쩌면 해풍과 맞서려고 생각하는 자체가 꿈같은 상상을 하며 마음을 달래던 나무였는지 모른다.

영등할망의 바다

음력 2월 초가 되면 먹구름이 하늘을 가득 덮고 다가옵니다. 샛바람과 갯바람이 서로 합심하여 해수를 날리는 시기지요. 해마다 어김없이 다가오기에 그 시기를 두고 '바람의 섬'이라고 대변하는 것인가요.

샛바람이 심하게 불어닥치는 기간이 음력 2월 초에서 중순까지입니다. 혹독한 꽃샘추위를 몰고 와 휘몰아치지요. 눈비가 오면서 춥기도 하고, 너무나 건조한 바람을 날리던 해와 달리 집안 구석구석 축축한 습기가 감돌고 있습니다.

집안에 깔아놓은 장판마다 습기가 번지고 들썩들썩 춤을 추기에 발로 밀다가 미끄러져 넘어졌습니다. 변함없이 똑같은 시기에 나타나는 영등바람을 생각하면서도 쉽게 잊어버리는 자에게 벌을 내린다는 생각을 하게 됩니다.

그제야 '정말 바람의 신이 있는 것일까.' 하는 묘한 감정에 사로잡혔습니다. 아무리 사면이 바다로 둘러싸인 섬이지만, 해마다 법칙에 따라 내린 처벌처럼 받아들이며 살아가야만 하나요. '영등신은 왜 해마다 거칠게 들어오고 있을까.' 하고 의문에 쌓이게 됩니다.

종량제 쓰레기봉투가 나오기 전에는 해산물 껍질은 대부분 바닷가에 버렸습니다. 샛바람이 불기 전, 알맹이를 먹고 버린 전복껍데기가 필요해 가지러 갔는데 흔적도 없이 사라졌습니다. 제주도 바닷가에 쌓여있던 해산물 껍질들이 그렇게 휩쓸려 가면서 바다 사방에 흩어지게 됩니다. 태풍을 통해 흩어진 모습을 보던 해녀들은 영등할망이 되돌아가기 전에 잡아먹으면서 남긴 흔적이라고 합니다. 사라진 과정을 보고 느끼며 생각하다가 오래전부터 내려오던 이야기가 사실이 아니라는 걸 알게 되었습니다.

바다에서 해녀로 활동한 지 오래되었지만 바다에서 종사하는 일상에 더욱더 관심을 가지게 되었습니다. 세월이 갈수록 큰 어종들이 줄어들자 어린 어종까지 무작정 잡을 수 있는 그물을 개발하기 시작하였습니다. 우리의 삶을 지켜보던 바다의 신은 화가 나지 않았을까요. 말로는 해명하거나 타이를 수가 없기에 신만의 방법으로 선택해서 경고라도 하려는 듯, 매서운 바람을 날리는 달로 정해 놓았다는 생각에 이르렀습니다.

강풍은 온 섬에 손길을 한꺼번에 묶어 놓았습니다. 선박 항해가 불가능할 정도로 파도가 방파제를 뛰어넘었습니다. 성난 바다를 보고 있노라면 '세월이 가도 신의 깊은 뜻을 아직도 모르겠느냐.'며 마구 따지는 아우성 같은 파도로 다가옵니다.

걸레로 바닥을 반복해서 닦아내도 계속 짠 이슬이 번지고 있습니다. 우리 집 뒤에 백 미터 전까지 예전에는 바다였답니다. 매립하였지만 거친 바닷물이 더 이상 주체하지 못하고 지난날의 바다였던 선까지 밑으로 밀려왔을까요. 긴 세월 속에서 낡아버린 우리 집 바닥까지 스며들던 강도로 원래 바다의 터전임을 강조하는 것은 아닐까요. 해산물도 줄어들고, 바다를 매립하면서 삶의 터전으로 늘어나는 만큼 바다는 점점 줄어들고 있는 안타까움을 호소하고 있는지 모릅니다.

제주바다만이 잠재되었다가 독특하게 불어닥치는 기간은 보름입니다. 심하면 그 여파로 며칠 바다에 나아가지 못합니다. 정상적으로 바다에 가기까지 한 달이 걸리기도 합니다.

어부와 해녀들은 썰물 때에는 소중한 날들을 손 놓게 된다고 아쉬워하지요. 영등할망은 푸념으로 듣고 넘겼을까요. 시기를 이용하여 최악의 조건으로 지상과 바다 사이를 가로막았습니다. 누구도 범접하지 못하게 하고 순응하며 기다리는 법을 일깨워 주는 것 같습니다.

해변에서 사람들이 애타는 기간 동안 어린 해산물들은 성장하면서 제 식구를 늘려나가지요. 영등할망이 되돌아가서 바다로 다가가는 어부와 해녀들에게 뜻밖의 많은 결실을 안겨준다는 말을 자주 들었습니다.

영등할망이 들어오고 나가는 여파의 과정은 일 년에 길어야 한 달입니다. 끊임없이 작용하며 키워 주는 신이 존재하기에 수백 년 무언의 힘으로 우리네 삶을 뒷받침해온 바다였습니다. 사면이 바다인 섬에 살면서 바다의 신과 농경의 신을 의지하던 일상이었습니다.

오래전부터 제주 섬에 들어오는 영등할망 바람의 신과 농경의 신을 받아들이고 있지요. 해마다 해변과 산촌에서 풍어를 염원하며 해초 씨와 곡식의 씨를 뿌리는 풍농굿을 벌이고 있습니다. 영등할망이 2월 초에 들어와 보름에 나가는 날로 정해졌습니다. 되돌아가는 날은 용왕님과 영등할망, 가족의 수만큼 한지를 마련합니다. 밥과 떡 과일과 여러 가지 해산물 찬을 넣고 정성껏 접습니다. 띠로 만든 배 위에 실어 저 멀리 바다로 보내며 "영등할마님! 영등할마님! 다음해에는 좋은 날씨를 안고 들어오세요." 하고 정성을 다하여 빌고 가족의 안녕도 함께 빌었습니다.

바람의 신의 메시지를 받들어 참된 실상으로 키워가는 방법은 없을까요. 바다의 어종들은 크던 작던 무조건 잡게 되는 현실입니다. 수시로 바다를 접하는 어부들과 해녀들은 바다의 모든 어종들이 씨가 말라간다고 합니다.

아무리 넓고 깊은 바다에서 생존하는 어종이지만 수단과 방법을 가리지 않고 포획을 하면서 살아남은 숫자는 줄어들 수밖에 없습니다. 그렇다고 양식이 아니면 사람이 자연산들을 늘어나게 할 수는 없습니다. 양은 많이 줄어들었지만 아직까지 남아있는 각종 어종들이 스스로 알을 낳고 키울 수 있는 기간을 사람이 접근 금지하는 길입니다. 그 기간에 한 마리당 수백, 수천 마리가 한꺼번에 생산하게 됩니다.

해마다 지속된다면 옛날처럼 풍성한 바다로 되돌아와서 어부와 해녀들이 수확을 올리는 기쁨을 누리게 됩니다. 바다를 통해 풍요로움을 즐기는 도민들을 지켜보던 영등바람의 신도 얼마나 흡족하겠습니까. 바다를 관장하는 신의 마음이 가라앉아야 혹독한 바람의 강도가 낮아지게 됩니다. 영등신의 마음이 안정되어야 우리의 삶도 편안해질 것입니다.

태풍 루사

태풍 '루사'가 제주로 다가오고 있다. 평소와 다름없이 문단속하고 밖에 있는 물건들을 단단하게 여몄다. 새벽 두 시부터 몰아치는 태풍 소리에 잠이 깨었다. 혹시나 하여서 또 한 번 집 안팎을 살펴보았다. 전기가 왔다 갔다 하더니 태풍에 버겁다는 듯 멈추어 버린다. 태풍이 다가올 때마다 가끔 있는 현상이기에 당연하게 받아들이고 잠을 청했다.

옥상에서 쿵쿵 요란한 소리가 들린다. 급하게 올라갔다 온 남편이 삼층에 베란다 한 면이 무너졌다고 걱정한다. 나는 믿어지지 않아 달려가 보았다. 무너진 베란다도 문제지만 이층 창고에는 창틈으로 빗물이 넘쳐 들어가 많은 물건들이 젖었다.

수건과 신문지로 창틀마다 막았지만 바람에 움직이는 문틈으로 빗물이 사정없이 스며든다. 거친 태풍은 창틀이 날아갈 것만 같다.

한국전력공사에 전화하려다가 참았다. 내가 아니더라도 이 정도 피해가 오면 이미 많은 사람들이 보채고 있으리라. 시간이 갈수록 태풍은 더 강하게 몰아친다.

빈 그릇마다 임시로 물을 받았다. 글 한 편을 마무리하느라 일주일 동안 밀린 신문을 보면서 태풍을 인정하려고 애써 본다. 시간이 지나 전기가 들어오면 물도 나오겠지 하고 기대하였던 예측과 다르다. 한낮이 지나 저녁때가 되어도 전기와 물은 소식이 없다.

전깃불 대신 촛불을 사용하면 되지만 수돗물이 안 나올 경우, 임시 받아놓은 물이 떨어지면 밥도 굶어야 한다. 이미 예상한 사람들은 생수를 사다 쟁여 놓는 바람에 가게마다 생수가 동이 났다. 결혼한 이후 이렇게 물이나 전기가 오랜 시간 끊긴 것은 처음이다. 태풍의 강도가 얼마나 높았기에 복구하는 데 이렇게 오래 걸리는 것인가.

나는 가게에 오는 손님들에게 피해를 물어 보았다. "우리야 대문만 날아갔지만 이층 창틀이 다 날아가고 지붕이 날아간 집도 있다."고 한다. 아무리 과학기술의 최첨단 시대지만 태풍이 다가오면 변함없이 무너지며 당하게 된다.

신문이나 방송 대신 사람의 입에서 입을 통해 먼저 대강 태풍의 위력을 알게 된다. 강한 태풍이지만 다행히 이틀 후 서서히 물러갔다. 쓰러진 나뭇가지와 사방에서 이것저것 날아온 잔해물들로 엉망이다. 우리 집은 추가로 간판이 날아갔다. 온 동네 집집마다 울담이 무너지고 지붕이 부서지고 피해를 입었다고 사방에서 야단이다.

오래된 건물은 들이닥친 태풍 피해에 어깨가 처지고 근심 걱정하며 철물점에 물건 사러 왔다가 설명한다. 내가 당한 피해는 잊어버리고 큰 도움은 안 되겠지만 대부분 물건을 들어온 가격으로 계산하게 된다.

나도 집 바깥 주변을 대충 치우고 베란다가 무너진 삼층에 올라갔다. 부서진 벽돌을 치우려니까 아직도 머물러 있는 바람에 오히려 날아갈 것 같아 중단했다. 치우는 게 문제가 아니라 남은 삼면도 이대로 보수한다고 하여도 다시 태풍이 온다면 완전히 무너질 것 같았다.

물건 사러 왔던 손님이 푸념처럼 "한전에 전화했더니 하루 종일 불통입니다." 하며 화를 낸다. "전봇대가 무너져서 복구가 늦어지는 게 아닐까요." 하자 "아주머니가 한전 대변인이라도 되나요? 한다." 한전과 통화되었다면 늦어지는 불만을 따지며 드러날 감정을 엉뚱한 곳에 와 내려놓고 간다 싶었다.

태풍은 자연 현상으로 일어나기에 누구에게도 책임이 있는 것은 아니다. 태풍 피해는 개개인이 대비가 허술할 때 더 크게 입는다는 걸 알면서도 헌 집을 의지하고 살아가는 게 죄라면 죄다. 그런 줄 알면서도 순간적으로 당연하듯 한전에 의지할 수밖에 없다.

한전에 있는 사람도 나름대로 책임감 때문에 얼마나 애가 타고 있을까. 애타는 마음을 서로 믿고 빨리 보수하기만을 기다리는 도민들은 늦으면 답답하기 마련이다. 시간이 지체될수록 조급함을 참지 못하고 계속 전화로 다그치게 된다. 사방에서 서로 확인하다 보면 전화는 불통이 될 수밖에 없다.

나도 어쩔 수없이 참고 또 참다가 전깃불이 언제쯤 들어오게 되는지 확인하기 위해 전화를 했다. 시간이 지나서일까 단번에 걸렸다. "예~에." 하루 종일 똑같은 재촉으로 맥이 풀렸을까. 너무나 지친 목소리다. 나까지 보태었다는 생각에 미안해서 "정말 수고하십니다." 하고 인사하자 상대방이 처음과는 달리 "아닙니다. 전깃불이 안 들어와서 전화하였습니까?" 오히려 물어본다. "예." "죄송합니다. 오늘 중으로 다 복구하려고 어제부터 밤새워 최선을 다하고 있습니다." 하고 아직도 복구 중이라고 한다. 누군가에게 설명하고 싶었지만 놓쳤다는 듯, 자세히 설명하던 분은 남자 직원이지만 정말 친절했다.

막연하게 기다리던 전깃불은 전화 한 통으로 밤늦게나 내일 아침까지는 참아야 해결된다는 걸 알게 된다. 알고 나니까 어두워지는 시간에 맞추어 촛불을 준비하였다. 마음의 여유를 가지고 해안도로로 나갔다. 많이 걷던 사람도 안 보이고 너무나 한적하다. 저녁 시간이면 방파제 가득 메우던 사람 대신에 고양이 몇 마리만 먹이를 찾아다니고 있다.

태풍이 휩쓸고 간 잔해물들과 사방을 휩쓸고 간 빗물이 바다로 내려가면서 흙탕물로 변했다. 바다도 거친 파도로 끊임없이 부딪치며 부서지는 반복을 하며 정화하고 있다.

거리는 어느새 어둠이 내려앉았다. 전기가 멈추고 물도 안 나오는 집안에서 사람들은 무엇을 하고 있을까. 바닷가를 거닐고 있는 자신이 청승맞아 보일 정도로 인적이 없다. 바다는 태풍이 할퀴고 간 잔해물들로 버겁다고 파도 파편으로 날아와 '나는 안 보이느냐.' 고 설명하고 있다.

태풍이 낳은 토대

지금으로부터 오십여 년 전 우리나라를 강타한 '사라호' 태풍이 불었다. 당시는 대부분 소농을 생계수단으로 어렵게 살아가던 시대였다. 한 해의 결실을 거두어들이려는 가을에 태풍이 사방을 할퀴고 갔으니 흉년으로 이끌어갔다. 저장 식량이 없던 시대이기에 하루 세끼에서 두 끼니로 줄었다 날이 갈수록 죽으로 때우며 이삼 년 고난으로 이어갔다.

비양도에도 태풍이 스쳐가며 바다 절벽을 무너뜨리고 바닷물이 섬 안쪽으로 깊숙이 파고 들어갔다. 태풍이 직선으로 몰아치다, 고비를 틀던 부분에 할망당이 있다. 돌담이 높은 당이 자리잡았기에 거친 파도가 부딪치고 분산하면서 오름 쪽으로 돌리게 되었다고 한다. 그 덕에 옹기종기 모여 사는 가옥과 초등학교 등 재산과 인명 피해가 없었단다. 더 신기한 것은 비양도가 섬이지만 아직까지 바다 사고로 사람이 죽은 적이 없다고 한다. 할망당이 섬을 지키고 있나 보다.

인간의 삶과 생각에 따라 신은 있다, 없다 의견이 분분하다. 어떤 신이든 믿으면서 정신을 정화하면서 삶을 키울 수만 있다면 도움이 된다고 생각해 본다. 큰 피해가 없었기에 마음의 여유가 생긴 것인가. 태풍이 몰고 온 바닷물 그대로 산책로를 시설해서 자연재해로 인한 '펄낭' 관광지로 살리고 있다.

우리 일행을 안내하던 전 이장이 죽어가는 펄낭을 살리기 위해 내년에는 민물 게를 키울 계획이라고 한다. 순간 '짠물도 오래되면 민물로 변하는 것인가'. 하고 가만히 들여다보았다. 작은 고둥이 보인다. 나는 대단한 것이라도 발견한 듯, "아직 바다 생물이 살아가네요." 하자 지금은 살아있지만 여름이면 뜨거워서인지 죽고 만다고 한다. 그래도 아직까지 바닷물 농도가 남았기에 생존하고 있으리라.

사라호 태풍에 크고 작은 어종들이 떠밀려왔으리라. 세월 속에서 적응하지 못하고 사라지다 남은 것은 오직 그 작은 고둥인 것 같다. 당시 파도에 떠밀려온 고둥은 아직까지 생존할 만큼 수명이 길지는 않으리라. 한정된 공간에서 비가 올 때마다 혼합되면서 바닷물 농도가 떨어지기 마련이다.

변화의 환경 속에서도 제 기능을 다하려고 얼마나 애썼을까. 끊임없이 적응하면서 살아남기 위해 어떤 방법으로 대응해 왔나 싶다. 긴 세월 속에서 저항 한 번 못하고 오염되어 가는 터전에서 어떻게 2세를 탄생시켰을까. 환경에 따라 몇 년에 한 번 어렵게 번식하고 있을까. 사방 언저리에 고둥이 많이 보인다.

수십 년 바닷물 농도가 낮아지는 공간에서 얼마나 치열하게 부딪쳤으면 본연의 껍질 무늬와 색깔은 사라지고 뻘을 뒤집어쓴 검은색으로 변했다. 겉모습이 완전히 망가지면서도 생명을 유지하려는 타고난 근성을 지니고 있을까. 아니면 고둥은 지탱할 수 있는 조건이 아직까지는 갖추어진 것인가. 비록 작은 생명이지만 어떤 생물과도 비교할 수 없는 끈질긴 생명이라는 걸 설명하고 있다.

조상 대대로 넓은 터전에서 지내다 갑자기 닥친 태풍으로 인해 떠밀려간 낯선 곳에서 비운의 운명을 안고 살아온 고둥이다. 척박한 곳에서 악순환이 반복되는 처지에서도 수십 년 스스로 견뎌온 경이로운 생명이었다. 강하면서도 대단한 자력을 지니고 있는 생명을 보고 있노라니 짠하게 다가온다. 고둥의 강인함을 받아들이고 계속 살리는 방법은 정말 없을까.

나는 점심을 먹고 바다에 내려가 뭔가를 잡으려고 미리 확인하면서 돌을 뒤집었다. 놀라 떨어지는 고동을 주워모아 놓자 아까워서 비닐에 담아서 들고 다녔다. 살아 움직이는 모습을 보면서 "너희들도 이 장소에서 씨앗이 되어 보겠니?" 하며 던졌다. 던지고 나서야 후회했다. 처음 이곳에 머물던 고둥이 살아간다면 다른 종류의 고둥도 얼마든지 적응할 수 있지 않을까 하는 마음으로 던졌다. 현장을 다 탐색하노라니 오염된 것 같다. 지금까지 견딘 고둥은 처음부터 그곳의 변화에 따라 적응하며 견디어 왔다. 이미 오염된 장소에 던진 다른 종류의 고동은 아무리 애써도 극복하기 어려운 환경이라는 생각이 떠나지 않는다. 내가 던진 고둥은 그 환경에서는 시험 대상이 되어버린 것 같다.

이왕 그곳에 던져졌기에 겉으로만 보고 찾지 못하는 문제를 스스로 찾아내어, 살아갈 수만 있다면 새로운 삶의 터전을 마련한 주인이 되리라. 더 나아가서 펄낭 실체를 확인시켜 주는 '선구자 역할을 하는 존재로 탄생할 수도 있으리라.' 하고 스스로 긍정적인 생각을 하며 위로해 본다.

긴장감이 맴돌던 태풍

'나리' 태풍이 불어닥친다. 제주를 점령한 지 두 시간쯤 지났을까. 밖에서 나는 이상한 소리를 따라 내다보았다. 고압선이 끊어져서 도로에 내동댕이쳐졌다. 끝에서 전기가 흐르면서 위험이 도사리는 소리였다. 해당 기관에 전화했지만 소식이 없다.

그렇다고 태풍을 피해 바쁘게 지나가는 차를 세울 수도 없는 상황이다. '위험한 고압선 위를 지나가는 차들이 부딪치며 '폭발하면 어쩌나.' 하고 노심초사하게 된다. 남편의 의지로 고압선이 한쪽으로 치워졌다. 시간이 흐르면서 낮은 도로에 빗물이 차오르면서 차가 건너가지 못해서 우왕좌왕하며 밀린다. 이리저리 피하던 차들이 요란하게 위험을 알리는 전기선과 닿을까 걱정이다. 순식간에 쏟아지는 빗물의 위력의 강도는 낮은 집마다 스며들면서 물난리로 이끌어 간다. 그 시간에 우리 집 옥상에서는 베란다가 무너지는 소리와 동시에 사정없이 밑으로 떨어진다. 또 다른 굉음을 따라 나갔다 들어오던 남편이 주변 집에서 쇠가 날아와 차를 부숴 놓았다고 걱정한다.

아쉬워할 겨를도 없이 이번엔 옆집 조립식 건물이 뜯겨지면서 날아온 조각들이 유리창을 깰까봐 발을 동동 구르게 한다. 당황하여 이리저리 뛰어다니는 사이 가게에는 빗물이 벙벙하게 고인다. 창마다 타월로 막아도 미세한 틈이 바람의 힘에 흔들리며 사정없이 폭포처럼 밀려들어 온다.

태풍이 다른 지역으로 이동하면서 아쉬워 몸부림치던 고비였을까, 서서히 바람이 자더니 빗줄기도 가늘어졌다. 물이 찼던 곳으로 가보니 도로뿐 아니라 주변의 병원과 사무실, 가게 등에 줄줄이 물이 차면서 못 쓰게 된 가구와 살림살이 등이 쓰레기로 넘치고 있다.

나리 태풍이 오기 전에는 우리 동네는 빗물로 인한 피해가 없어서 다행이라고 생각했다. 안이한 생각으로 살아가기에 조물주가 예고를 한 것인가. 전기가 들어오면서 방송을 보았다. 우리 마을뿐만 아니라, 제주도 전역이 태풍으로 할퀴고 간 현장마다 아수라장이 된 뒤였다.

불과 몇 시간 동안 내린 비가 들판에는 밭인지 논인지 구별이 안 된다. 균형을 잃고 쓰러진 자동차는 고철덩이로 변했다. 물이 찼던 건물들은 쓰레기로 사방에서 산을 이르고 있다.

태풍이 지나갈 때마다 인간은 대항할 수 없기에 무기력함을 나타난 잔해물이다. 바람은 어쩔 수 없다고 한다. 한라산과 바다가 중심이 되어서 높고 낮은 지역이 분명하고 특별한 섬이다. 인간의 능력에 따라 아무리 빗물의 양이 많아도 여러 곳으로 분산해서 피해를 줄이는 방법은 없을까.

관심을 갖다보니 인간의 머리로 생각하고 개발하기 전에 놀라운 자연의 힘에 의해 제주도 사방에는 이미 크고 작은 계곡이 만들어졌다. 높은 한라산에서 바다까지 비가 올 때마다 자연의 섭리로 빗물의 강도에 따라 수천 년에 걸쳐 깊게 파이며 진화해온 계곡이 있다.

섬 전체에 원동력을 제공하던 계곡을 무모한 개발에 의해 외면하기 시작했다. 그뿐만이 아니라 물을 담아두던 논과 천연의 웅덩이들까지 매립되어 도로와 건물로 개발하며 흔적을 지우고 있다.

자기 자리를 빼앗긴 빗물들은 방황할 수밖에 없다. 미처 바다나 지하로 내려가지 못하는 빗물은 한라산에서부터 내려오던 빗물과 사방의 빗물이 합쳐지면서 걷잡을 수 없는 강도로 휩싸여 내려온다. 폭포처럼 빠른 속도로 내려가던 빗물은 농부들의 피땀이 담긴 밭뿐만이 아니라 닥치는 대로 덮칠 수밖에 없다.

결국 말없이 섬을 안전하게 이끌어가던 근원적 토대인 계곡만으로는 감당이 안 되어 사방에서 빗물이 넘쳐나고 있다. 이젠 큰비가 올 때마다 제주 전체를 위협하고 있다. 이유는 비가 너무 많이 내려서라고 한다. 큰비는 이제야 많이 내리는 것이 아니다. 옛날부터 큰비가 내리면서 휩싸이는 압력으로 인해 한라산에서부터 바다까지 넓은 계곡이 만들어졌다. 개발하기 전에는 아무리 큰비가 내려도 감당하던 계곡이었다.

오랜 세월 오만한 문명을 키우고 있는 삶을 지켜보던 한라산 신이 답답해 질타하는 것은 아닌가. 이제 와 때늦은 후회를 해도 되돌릴 수도 멈출 수도 없는 현실이 되어 버렸다. 지구 온난화 현상으로 나리 태풍보다 더 강한 태풍과 폭우가 올 수도 있다는 연구 결과를 방송에서 듣게 되었다. 폭우의 빗물줄기를 따라 해결하던 계곡에서 해결 방법을 찾아야 하는 게 아닌가. 이대로 손 놓고 기다린다면 어떤 현상이 일어날까. 지금까지는 낮은 곳만 피해를 입었지만 해변 전체를 물바다로 만들어가는 것은 아닌가. 하는 대재앙을 상상하게 하는 태풍이었다.

금융의 위기

한국에서 처음 우주발사체 나로호를 역사적으로 우주발사 하는 날이다. 직접 가서 보지는 못하지만 오후 다섯 시에 TV로 방송을 보아야 한다고 생각하며 아직도 많이 남아있는 시간을 확인하게 된다.

오토바이 소리와 함께 배달된 우편물을 받아들고 읽어 내려가는 순간 현기증이 일어난다. 천문학적 기술이 우주로 날아가는 시대에서 조금 전까지만 하여도 설명할 수 없는 희망과 기대감이 꽉 차 있었다. 아무리 기대감이 넘쳐도 숨을 못 쉬게 조여 온다. 우리 집과 나란히 있는 땅을 사자는 아내의 말을 반대하던 남편은 돈까지 관리하기 시작했다. 치밀어오는 감정을 안고 남편이 있는 방으로 가는 짧은 시간에 생각하게 된다. 이왕 벌어진 문제에 대해 원망한들 무슨 소용이 있으랴. 결과물을 남편에게 던져주고 주저앉아 펑펑 울고 싶었지만 참았다.

결과물을 받아 나와 같은 심정으로 머물고 있는 사람이 얼마나 많을까. 4만 명 가까운 예금자 중에 그나마 95%는 삼천만 원 이하이기에 다 받을 수 있단다. 나머지 5%는 삼천만 원 이상이라 받을 수가 없다고 한다. 그 흔한 땅 한 평 투자 하지 않고 쌓아 온 탑이 무너지고 있다. 스스로 해결할 능력이 없기에 마음과 정신이 정지되어 버렸을까. 며칠 동안 TV를 보고 신문을 읽으면서도 아무런 감정이 생기지 않는다.

타임스신문에서 금융이 회생해야 한다는 사설을 읽으면서 실낱같은 희망을 가져본다. 그 외에는 예금주들이 모여 항의를 하고 있지만 특별한 대책이 나오지 않는다. 막연하게 희망을 기다리는 날들은 답답해 숨이 막혔다. 더 이상 집에만 있다가는 점점 높아지는 감정이 남편에게 다가가 따지다 싸우게 될까봐 피하고 싶었다. 어디로 갈까 생각하다 포기했던 문학 행사에 참여하기로 하였다.

곶자왈 숲 속으로 들어서자 맑은 공기가 뇌파에 전달되는 것처럼 정신이 맑아진다. 그제야 감정이 되살아나면서 '남편인들 사고가 일어날 줄 알았다면 소중한 돈을 믿고 맡기지 않았으리라.' 설마 하다가 당한 것이기에 따질 곳도 없다. 참는 동안 웅축되었던 감정이 입안을 헐게 하고 목에는 콩알만 한 열꽃들이 피어난다.

삼십여 년이 넘어가는 집에 살기에 비가 새어 이리저리 땜질하며 살고 있다. 유행 따라 옷이나 외식은커녕 밤새워 노력한 해가 몇 년이던가. 큰 꿈을 안고 다른 데 투자하는 대신 차곡차곡 은행을 이용해 왔다.

급속도로 변하는 세상에서 투자하지 않고 살아가는 모습을 지켜보던 친구는 바보 같다는 말을 자주 하였다. 부부가 생각이 다르기에 나름대로 도리와 예의를 지키며 견디어 왔다. 특히 부모 형제에게 의지하지 않고, 남에게 피해를 입히지 말자며 소박한 꿈을 키우며 살았다. 그 보답으로 받아들이기에는 너무나 가혹하다.

이제야 겨우 자식들 출가시킬 준비와 노후 대책 마련하는 수준에 불과하다. 순수한 노력의 대가로 얻어지는 액수는 너무 적었다. 그렇기에 돈의 가치를 무서워하며 돈 가지고 기분 내어 본 적이 없다.

비록 사소한 삶이지만 하루아침에 선택되지 않는다. 경제적으로 부족하면 밤을 지새우며 채우려고 노력했다. 버거우면 어려웠던 육십년 대를 떠올리며 변함없는 삶을 유지해 왔다.

이제야 내가 살아 온 삶을 후회 없이 당당하게 살아가려 하였다. 믿고 내 삶을 키워 온 금융 위기까지 내 위기로 다가와 삶을 뒷걸음질하게 한다. 며칠 답답한 감정을 정리하노라니 살아온 삶들이 밀물처럼 밀려오며 그제야 눈물이 쏟아진다. 눈물은 스스로에게 위로하는 약수일까. 착 가라앉았던 마음이 조금씩 꿈틀거린다.

금융기관이 회생된다면 다행이지만, 피한다면 다시 '돈 잃고 건강마저 무너진다면 남은 돈까지 야금야금 사라지는 위기로 이끌어 갈 수도 있다.' 는 생각을 하다가 정신이 번쩍 들었다. 법과 금융은 개인들에게는 사소한 것도 과감하게 책임을 문책한다. 기관은 논리적인 법에 따라 많은 개개인의 돈이나 재산을 마음대로 제압하는 방법이 이해가 안 된다. 아니 화가 난다.

돈을 이용하던 기관에서 운영하는 시행착오를 왜 법은 책임지고 해결하게 안 하는 것인가. 주인 허락 없이 마음대로 재단하게 놔두는 것인가. 개개인의 돈을 책임지고 신중하게 다루어야 하는 금융이다. 고객과 돈이 많을수록 책임이 무겁게 마련이다. 많은 액수를 운영할 만한 그릇이었을까.

그런 문제들을 확인했다면 일어날 수 없는 문제다. 문제가 일어났으면 책임감은 얼마나 짊어지고 있을까. 노력한 흔적은 나타나지 않고 변명으로만 다가온다. 금융위기에 처해도 쉽게 해결하는 법이 있기에 더욱더 노력하는 대신 오히려 이용하는 것은 아닐까.

어쩌다 우리의 삶 자체가 의문이 많은 법의 존재하는 세상에 살고 있을까. 생각할수록 의문투성이인 현실 앞에서도 처분만 기다리는 중생이 되어 버린다. 그 상황이 인간의 한계라고 생각하기에는 모순투성이다.

삶을 바꾸어야 할까. 아니면 생활의 규모로 줄여야 할까. 내 삶은 더 이상 줄일 수 없는 기본적인 생활을 하고 있다. 그렇다고 실수를 경험으로 삼기에는 나이가 많다. 벌어들이며 채울 능력도 안 된다.

지금까지 아무리 어려워도 내 소신대로 살아온 삶과 서로 공유했다는 이유만으로 기관에 따라 흔들리는 자신은 언제까지 대응해야만 할까. 이미 일어 난 문제를 붙들고 정신적으로 남아 있는 진을 더 이상 빼앗기고 싶은 엄두가 나지 않는다.

순수한 경영과 인간미는 사라진 세상일까. 점점 심각해지는 일상을 되돌아보면 문제를 경험삼아 살리거나 키우는 길은 보이지 않는다. 오직 원칙을 무시해서라도 상대방을 무너지게 하려고 총칼보다 더 강하게 와전시키며 성공해도 잘났다고 착각하는 세상이 되어 버린 것 같다.

큰 꿈과 희망도 아닌 소박한 삶마저 빼앗아 가려는 험한 세상이다. 느끼면서도 따라가는 대신 본질을 붙들고 그나마 자신을 키워가고 있다고 착각 속에 살아온 기분이다. 내 삶을 중심 삼아 남은 생을 이어가려는 다리를 매정하게 뚝 잘아버린 것 같다. 간격이 너무 멀어서 더 이상 건너가지 못하고 여운으로 위로 삼는 길밖에 정말 없을까. 일 년이 지나면서 나머지 돈을 포기했다.

언제부턴가 부정보다 긍정적인 기미가 조금씩 보이더니 특별한 연금처럼 일 년에 한 번 일부씩 보내와서 생활비처럼 살림에 보태게 되었다. 감정은 펄펄 끓으면서도 맞서 싸우는 사람들과 끝까지 함께하지 못했다. 포기한 사람들 몫까지 금융을 상대로 열심히 항의한 분들 덕분이 아닌가 싶다. 이 지면을 통해 마음으로나마 열정으로 태우던 분들에게 고마움을 전해본다.

6부

지화紙花 만들며

어느 날 밤

일상의 변화

손끝에서 피워내다

목단꽃 접으며

수반으로 변신하면서

어느 날 밤

어느 날 밤이었다. 국화꽃 만드는 데 집중하다 시계를 보니 밤 12시가 넘었다. 마무리하고 정리하는데 온몸이 나른해서 그 자리에 쓰러질 것처럼 현기증이 일어난다. 몸과 달리 내부에서는 알 수 없는 열기가 올라오며 쉽게 잠이 오지 않을 것 같다.

계속되는 무더위로 인해 낮부터 계속 돌아가던 선풍기 소리가 더욱더 강하게 들린다. 조금 전까지 고맙게 느껴지던 바람이 더 이상 마주하기가 싫었다. 자연의 바람을 쐬고 싶어서 옥상으로 올라갔다. 시간이 얼마나 지났을까. 따뜻한 커피나 벌꿀차를 마시고 싶었다. 가끔 밤에 커피가 생각날 때마다 수면방해를 피하기 위해 다른 차를 선택하다, 은은한 커피 향에 취해보고 싶었다.

마음 따라 커피를 타다가 설탕 대신에 꿀을 듬뿍 넣어 저었다. 서로 어우러져 배어나는 향기가 그윽하다. 맛 또한 내 평생에 어디에서 마셨던 차 맛과 다르게 입안에서 착착 감긴다.

조용하기만 한 깊은 밤, 혼자지만 더 이상 아무것도 보태지 않아도 솔솔 불어오는 바람은 특별한 차를 적당히 식혀준다. 은은한 향기는 코끝을 자극하며 입맛을 다시게 한다. 한 모금 입에 물고 혀끝으로 입안을 돌리다 삼키면 내부에서 달달하게 감돌았다.

천천히 마시며 정신없이 지나가 버린 하루 일과를 생각해 보았다. 새벽에 일어나 양파를 다듬어 다섯 개의 솥에 채우고 나니 점심시간이다. 점심을 먹고 나니 일주일에 한 번 전시회에 출품할 꽃을 만들러 간다. 에어컨이 돌아가는 공간에서 저녁때까지 머물다 밖에 나오니 현기증이 일어날 만큼 기후 차이가 많이 난다. 감기에 걸린 것처럼 코가 간질간질하는 날이 많았다. 집에 도착하여 저녁을 준비하고 가게를 본 후 다시 아침에 솥에 들어간 양파를 가공하는 남편 일 거들고 나면 하루 종일 종종거리던 일이 마무리된다. 전시회 날짜가 코앞이어서 집에서도 지화를 만들어야 하는 상황을 외면할 수 없다. 연일 입안이 헐고 코 주위가 울긋불긋 열꽃이 피어난다. 자신의 몸은 아랑곳하지 않고 혹사시켜 전신이 드러나며 쉬어달라는 신호이다.

오후 두 시 이후에 커피를 마시면 잠이 잘 안 온다. 그런 커피를 밤늦게 마셨으니 잠을 기대하지 않았다. 여러 잔의 커피향에 취해 보리라 생각하던 마음과 달리 한 잔만으로도 바로 잠이 쏟아진다. 새벽에 내부에 축적되었던 노폐물이 다 빠져나온 듯 온몸이 가벼웠다. 거울 앞에서 머리를 빗다가 얼굴을 보고 너무나 신기했다. 얼굴에 피어났던 열꽃들이 밤 사이에 다 사라졌기 때문이다. 늦게 잤지만 단잠을 잔 덕일까. 아니면 커피와 꿀을 타서 마신 효과였을까. 의문을 안고 어느 쪽인지 확인하고 가끔 나타나는 불청객을 다스리고 싶었다.

커피와 벌꿀에 대한 효능을 알아보았다. 커피의 카페인은 몸에 흡수되어 육체를 활성화시키면서 기분전환에 도움을 주며 피로감까지 줄여준다. 벌꿀은 빠르게 체내에 전환되므로 많은 에너지를 소비하는 사람들에게 육체를 진정시키는 효과가 있어 감기와 피로회복에 효과적이라고 설명하고 있다. 뛰어난 커피와 벌꿀이 만나 혼합시킨 차 한 잔의 위력 덕분이었다. 누적되었던 피로가 회복되면서 짧은 시간이지만 단잠을 잘 수 있도록 도움받은 밤이었다.

그날 이후 유난히 무더운 여름에는 체질적으로 거부하는 에어컨으로 인한 증상뿐만 아니라 비바람과 태풍이 불어도 습한 기운으로 재채기가 연달아 나온다. 커피와 꿀을 혼용한 차를 마시면 전신이 따뜻해지면서 활력을 되찾게 된다. 어디에서도 검증받지 않았기에 누구에게나 자신 있게 권할 수는 없다. 다만 나 혼자 차 한 잔의 위력을 직접 경험하면서 비상용으로 사용하고 있을 뿐이다.

벌꿀이 담긴 병이 반 이상 비어가던 어느 날이다.꿀 종류도 너무나 다양해서 좋은 상품을 마련하기가 쉽지 않았다. 원하던 꿀을 기다리다 필요할 때 사용할 기회마저 놓치게 된다. 어설프게 따지며 꿀을 구입하지 않아도 필요할 때마다 '커피와 함께 쉽게 마실 수 있다면.' 하고 생각하게 한다.

해마다 점점 심해지는 기후 이변으로 체질에 따라 인체에 해로운 문제들이 점점 많이 나타나고 있다. 바쁜 현대인들에게 사소한 문제들을 '병으로 키우기 전에 식품으로 쉽게 다스릴 수 있는 방법은 없을까.' 하고 좋은 꿀을 혼용한 믿음의 건강 차로 탄생하였으면 하는 마음이 간절한 날이었다.

일상의 변화

나이가 들어가는 탓일까. 몸과 마음이 자꾸 늪속으로 빠져드는 기분이다. 바쁘게 돌아가던 가게도 손님이 뜸하면서 정신적으로 시간이 남아돌아서라고 스스로에게 위로해 본다. 당당하게 살아왔다고 생각하던 삶 자체가 날이 가면서 허망하게 다가온다.

무기력한 마음을 달래던 방법으로 겨우 쇼핑 프로그램을 즐기고 있다. 있으면 좋겠지만 없어도 그만인 상품에 집중하다 구매 욕구에 이르는 자신을 의식하며 멈추었다. 남편의 영양을 받았을까. 컴퓨터 앞에만 앉으면 큰 체격에 맞는 옷이 흔하지 않다는 이유로 맞는 치수가 나오면 수시로 구매한다. 옷장이 넘쳐나 벽에 주렁주렁 매달려 있는 모습을 보면서 설득하다가 짜증까지 내었다.

답답한 마음을 잊으려고 수필 작품에 매진하게 된다. 잘 풀리지 않으면 숨이 차게 높은 산이라도 올라가고 싶어진다. 남편에게 같이

가자고 하면 외면하면서도 가는 길을 말린다. 버릇처럼 TV 앞으로 가게 된다. 많은 프로그램 중에 다시 쇼핑 방송을 고정하고 있다. 다부지게 조절하지 못하는 자신이 한심하게 다가온다.

낭비하는 시간과 돈으로 꼭 필요한 뭔가를 찾아야 한다는 생각이 절실해진다. 이 나이에 남들 앞에 내세우는 자격증보다 가게 보며 집에서 할 수 있는 소일거리에 적은 수입이라도 생긴다면 얼마나 좋을까 싶다.

신문을 보다가 이전부터 다니고 싶었던 불교대학 마감이 얼마 남지 않았다. 말려도 일주일에 한 번 가게 문을 닫고 다녔다. 얼마 후 공부가 끝나면 전통 지화도 같이 배우게 되었다. 배우는 공간에서 어느 정도 배우고 재료를 가져와 집에서 만들어야 하는 상황이었다. 완성된 꽃을 보면서 내가 그토록 원하던 일거리가 될 수도 있다는 생각을 하게 되었다.

지화를 접하다보면 고통은 따르지만 멈추기 아쉬운 묘한 매력을 지녔다. 잘못 만들면 잘 만들고 싶은 욕구가 생긴다. 하나의 이름을 지닌 꽃이 완성되면 또 다른 꽃을 시도하고 싶은 열의가 생긴다. 노란 색깔의 꽃을 만들고 나면 또 다른 색깔의 꽃을 찾아 시도하고 싶은 열정이 이어진다.

곶자왈과 오름에 갔다가 사람이 잘 안 다니는 능선과 가파른 곳에서도 지배받지 않고 계절에 따라 당당하게 피워내는 꽃들을 보고 있노라면 그 오묘함에 빠져들게 된다. 아무리 여린 꽃잎이지만 매서운 한파와 맞서 견디면서도 끊임없이 본분을 다하고 있다. 과정을 생각하다 보면 고통이 따른다고 손 놓고 쉬던 자신이 부끄러울 정도로 옹골차 보인다.

어떤 꽃이든 손끝에서 빚어내어 작품을 만들어야 가치를 다 살릴 수 있다. 구체적인 방향을 찾아야 한다는 마음은 넘쳐나면서도 실행하기 전에는 예술성이 드러나지 않는다. 눈으로는 생화를 감상하고 바로 지화로 손길이 따라 시도해야만 한다. 제대로 드러나기까지 함께 다루다 보면 하루가 너무나 빨리 지나가버린다. 해내야 한다는 애착만이 집안 가득 맴돌면서 무기력했던 마음과 정신이 되살아나고 있는 자신을 의식하게 된다.

이제는 일상화 되어버린 지화를 만들며 방송 프로그램도 같이 보게 된다. 방송마다 스튜디오에 장식한 생화나 조화에 제일 먼저 관심이 간다. 작품들 속에서 다시 나만의 작품으로 구성하면서 그림으로 그리며 조금의 시간도 낭비하지 않고 알뜰하게 이용하게 된다.

외출하는 길이나 되돌아오는 도로에서도 꽃들과 계절을 의식하게 된다. 크기와 색깔과 모양을 자세히 관찰하는 시간으로 삼았다. 다양하게 피어나는 생화가 존재하면서 지화도 같이 가능하다는 걸 알게 되었다. 사계절이 뚜렷한 나라에서 감상하면서 바로 시도할 수 있는 환경에 살고 있다는 생각만 하여도 마음 가득 채워진다.

수많은 종류와 다양한 색깔을 지닌 아름다운 생화가 있다지만 단기간에 시들어 버린다. 세월 속에서 실력을 키우며 싱그러운 식물처럼 작품을 다양하게 구성하였다. 다가가는 눈길마다 사로잡아 머물게 하는 전시회가 되기를 기대해 본다.

손끝에서 피워내다

몇 년 전 만 해도 사찰에서는 자연 친화의 삶을 통해 한지로 필요한 꽃을 만들어 사용했단다. 점점 사라지더니 최근에는 주로 생화를 사용하게 된다. 문제는 천도재, 49재 등 지내고 나서 태우는 것도 문제려니와 거기서 나오는 검은 연기는 환경 문제까지 이어지고 있다.

넓은 지하실에 이름 모를 꽃들이 매달려 있다. 일주일에 한 번 가서 꽃을 만들었다. 어느 날이다. 지도 스님이 노란 씨앗을 중심에 놓고 만들어 놓은 하얀 국화꽃이 너무나 예뻤다. 생화보다 더 아름다워 시선을 사로잡는다.

스님의 지도에 따라 4번 접고 16개의 잎으로 재단하고 꽃잎 모양으로 오렸다. 꽃잎마다 고기 낚는 정술로 꽃잎 중심에 넣고 주름이 나타나게 밀며 당겼다. 다시 꽃잎 끝부분을 양쪽으로 젖히는 과정까지 마무리해도 만들어 놓은 꽃처럼 제대로 나오지 않았다. 틈만 나면 앉아 반복하게 된다.

제대로 만들어야 한다는 마음은 넘치는데 예쁘게 만들어지지 않는다. 한지를 바라보며 '어떻게 하면 제대로 다룰 수 있을까.' 주시하여 본다. 지도에 따라 힘든 과정을 떠올리다 생화로 다가가게 한다. 기후와 계절에 따라 서서히 펴지면서 가운데 씨앗이 맺는 생식기관이 중심이 되어서 모양과 색깔이 형성되고 있다. 관찰하다 보니 활짝 핀 꽃도 중요하지만 봉오리도 같이 만들어야 제대로 된 작품이 나온다는 걸 일깨워 준다.

꽃의 정교함이 한순간에 탄생하는 게 아니었다. 계절에 따라 피어나는 꽃이다. 아무리 지화이지만 한순간에 완성하려는 자체가 무리라는 걸 알게 된다. 그제야 한지를 주시하다 가로와 세로에 따라 오려야 제대로 모양이 나온다는 걸 감지하게 된다. 모르고 시도하는 것보다 알고 시도하면 가위가 부드럽게 나간다. 나름대로 최선을 다하는 회원들에게 스님은 전시회가 끝나면 부처님께 올릴 꽃이기에 최선을 다해 만들어야 한다고 강조한다.

새로운 마음으로 시도하기 위해 하루는 꽃 만드는 것을 중단했다. 기초부터 단련하기 위해 기본적인 재료가 되는 띠를 구해다 말려 가져갔다. 스님은 끈으로 단단하게 말아 꽃을 꽂는 기둥 역할을 할 수 있게 만들었다. 내 선에서 준비할 수 있는 재료들을 애써 마련하면서 이미 지화에 푹 빠져있는 자신을 의식하게 된다.

초심으로 되돌아가 마음을 다지며 국화꽃을 오렸다. 종이 숫자가 문제인 것 같아 한 장부터 정술로 당겼다. 너무 얇아서 당기는 강도에 찢기는 것도 있다. 두 장보다 세 장이 알맞아 제일 작은 1번에서부터 8번까지 모든 과정을 마무리하였다. 한 송이에 두 장씩 정리하고 나니 한 장씩 남았다. 애쓴 과정에 비해 두 송이가 안 된다는 것이 아쉬웠다. 꽃잎 숫자와 꽃송이 숫자가 맞아 떨어져야 산만하게 다가오는 마음도 안정된다고 생각했다. 4장을 한꺼번에 시도하자 처음에는 힘들었다. 차차 길들여지면서 쉽게 다룰 수가 있다.

집중하다 보면 멈추고 기지개를 펴거나 누워 허리를 펴고 싶어질 때마다 다음 차례를 기다리는 재료를 보고 있노라면 쉽게 멈출 수가 없다. 계속 집중하다 보면 전신에 고통이 따른다. 고통이 따른 만큼 꽃송이 숫자가 늘어난다는 마음으로 견디는 동안 전신이 단련되었을까. 날이 갈수록 고통이 사라지며 매진하게 된다.

새로 들어온 회원이 한참 꽃을 만들다가 "대강 만들면 안 되나요?" 하고 큰 소리로 외치며 기지개를 편다. 스님은 "대강하면 대강 나온다." 라고 한다. 더 이상 설명이 필요 없다. 이미 경험했기에 힘들어하는 회원의 마음을 알 것 같다.

꽃잎에 집중하다 잠깐만 다른 생각을 하여도 비틀어지거나 엉뚱한 모양이 나온다. 가위 잡은 손길마다 한 번의 실수도 없어야 제대로 된 모양이 나온다. 애써 꽃잎이 마련하여도 작품을 만들려면 받침과 잎, 씨앗을 만들어야 한다. 어느 것 한 가지도 쉬운 것이 없다. 한 송이 꽃을 만들려면 다양한 재료 앞에서 수십 번의 손길로 수작업의 과정이 이어져야 완성된다. 회원이면 누구나 알기에 참고 집중하는 분위기를 깨우고 웃음꽃을 피우는 계기가 되었다.

기본적인 재료와 색깔, 모양이 제대로 균형이 잡혀야 제대로 된 작품으로 탄생된다. 서로 몇 개월 정성을 모아 시월에 전시회를 가지게 되었다. 애써 피워내던 꽃 중에 한 가지가 국화꽃이다. 자연 속에서 얻은 전통의 한지로 다시 손끝에서 피워낸 꽃이다. '정성까지 함께 감상한다면 향기 없는 조화지만 열의라는 향기를 느끼며 생화 못지않은 아름다움을 즐길 수 있지 않았을까.' 하고 생각해 보았다.

목단꽃 접으며

목단꽃 만드는 과정을 배우고 집에 와 접노라니 오래전 일상이 떠오른다. 유년시절 부산에서 동양자수를 열심히 놓던 어느 날이었다. 목단 도안을 하다가 이층으로 뛰어 올라온 아가씨가 '향기 없는 목단에 벌이 그려진 것은 잘못되었다.' 고 한다.

이십여 명 대부분이 멍하니 쳐다보는데 한 아가씨가 "목단 꽃에는 분명 향기가 있어요." 하자 올라온 아가씨도 질세라 "선덕여왕이 어릴 때 목단 그림을 선물로 받고 벌 · 나비가 없으니 향기가 없으리라." 했던 유명한 글을 읽었다며 끝까지 주장을 내세운다. 상대방 아가씨도 질세라 "자네는 글을 읽었지만 나는 며칠 전 직접 향기를 확인했다." 며 서로 다른 견해에서 오고가던 말이 격해졌다. 참다 못한 옆에 아가씨가 "아이고, 시끄러워." 하며 벌떡 일어나 "둘 다 나가서 확인하고 오세요." 하자 잠시 침묵이 흘렀다. 서로 나서지는 않았지만 두 아가씨 문제만이 아니다. 수예를 놓던 모든 사람들에게 의문을 안겨주었다. 쉬는 날이 돌아오자 목단꽃 있는 곳으로 가 꽃향기를 확인하면서 서로 벌이 있는 것이 옳다며 의문이 풀렸다고 생각했다.

얼마 후 표구사에 들르게 되었다. 아무런 곤충이 없는 대형 목단 액자가 걸려있다. 주인에게 이유를 물어보자 표구는 잘하지만 그림에는 조예가 없단다. 벌이 있는 그림이 있는가 하면 없는 그림이 있는 이유가 있을까. 의문을 가지면서도 풀지 않고 살아왔다. 수년이 지나야 다시 잠재되었던 의식을 일깨우는 기회가 되었다.

제주불교 태고종에서 전통지화와 장엄 전시를 위해 목단꽃을 만들었다. 목단에 대한 이야기를 들으며 장엄 꽃꽃이 도서를 접하게 되었다. "꽃 중에 왕인 모란은 부귀를 상징하고 향기가 진하다고 표현하고 있다. 모든 꽃에는 벌, 나비가 날아들지만 모란에는 유독 벌, 나비가 날아들지 않는단다. 왕에게는 누구나 함부로 다가갈 수 없는 것처럼 최상의 꽃으로 인식하면서 부처님께 헌화하는 꽃이란다."

위와 같은 부분을 읽으면서 모든 의미를 알고 곤충을 안 그린 화가가 있는가 하면, 향기 나는 꽃이기에 곤충을 당연하게 그린 화가가 있었다는 걸 짐작할 수가 있다. 향기 있는 목단이지만 벌, 나비가 없는 그림을 보면서 보이지 않은 의미까지 찾아낸 선덕여왕이 '모든 꽃에는 벌, 나비가 날아들지만 모란에는 유독 벌, 나비가 날아들지 않는다.'고 간단하게 읊었다. 오랜 세월 흘러가면서 목단에 대한 그림과 글을 읽는 사람에 따라 나름대로 해석하고 나타나고 있다는 걸 알게 되었다.

한지를 접었던 칼을 놓고 무심코 허리를 펴려는데 날카로운 칼날이 손가락을 스치고 지나간다. 피나는 부분을 동여매고 물수건 위에 놓인 한지를 정리하는데 향기가 난다. 무심코 한지를 코끝에 가져갔는데 정말 향기가 나는 게 아닌가. 꿈을 꾸는 것 같아 처음부터 꽃 만드는 과정을 다시 생각해 보았다. 샤프란에 세탁한 수건으로 한지를 감싸고 촉촉하게 습기를 먹으면 주름을 잡으려고 하던 한지에서 풍기던 향이었다. 향기가 날 리가 없다고 확인해 놓고도 맥이 풀린다. 지난날을 생각하다 최상의 꽃을 만지고 있다고 착각하고 있었던 것 같다.

다친 손가락이 따가워 잠시 쉬는 동안 씨앗을 만들어 일곱 장의 꽃잎을 끼우고 한 송이 목단꽃을 완성해 보았다. 칼날로 애써 접은 정교한 주름으로 꽃 모양을 사로잡아버려서 오히려 순수한 생화의 이미지와 다르게 투박하다. 주름을 넓게 잡아 보았지만 처음과 별로 다르지 않는다. 주름 없이는 목단꽃 모양이 안 나오는 것일까. 생각하며 시도하였지만 제대로 나오지 않는다. 생화답게 만들어 내는 방법이 정말 없는 것인가.

기대하는 마음과 달리 같은 방법에 머물면서도 잘 만들고 싶은 욕망만 앞서 있는 자신을 의식하게 된다. 알면 새로운 실행의 방법을 찾아야 하는데 쉽게 찾을 수 없기에 답답하기만 했던 기간이다.

모든 일상을 접고 공기 맑고 시원한 산 중턱에 있는 산사에서 오직 지화에만 시도한다면 제대로 된 꽃이 나올까. 아무리 좋은 환경에서 최상의 지화를 만든다 해도 순간의 감동을 언제까지 붙잡을 수 있나 싶다. 너무나 빠르게 변하는 시대에는 오늘의 최고가 내일은 서로 자기가 개발한 것처럼 판치는 세상이다. 순간의 가치가 떨어지고 마는 현실에서는 영원할 수 있는 것도 없다. 아름답게 며칠 피었다가 시들며 지는 생화처럼 마주하던 시선이 점점 멀어질 수밖에 없다. 지화는 무엇을 위해 그렇게 생각하고 또 생각해야만 하는 것인가.

끊임없이 계량종이 나오는 생화처럼 지화도 쉬지 않고 추구하면서 현실에 따라 '지화의 가치도 제대로 살려야 하는 것인가.' 하고 생각하면서도 만족할 만한 작품이 아직도 손끝에서 자유자재로 녹아나지 않아서인가. 늘 아쉬움에 사로잡혀 있는 지화다.

수반으로 변신하면서

지화 전시회 목적으로 만든 작품이 지화 만드는 공간에 놓여 있다. 독자 입장에서 바라보니 감동을 주지 않았다. 만들던 꽃잎들을 생화 잎 모양으로 오려서 동료들과 작품으로 꽂아 보았다. 생화처럼 비슷하게 만든 국화꽃이지만 동떨어진 이파리 색은 지화라는 이미지에서 벗어나지 않는다.

나름대로 장단점이 보이기 시작한다. 문방구마다 들러 국화잎 색과 비슷한 한지를 사다가 오려서 가져갔다. 국화꽃을 완성하고 진중하게 작품을 완성했지만 이번에는 작품성이 부족하다는 걸 느끼게 된다. 그제야 꽃과 잎, 색깔과 모양뿐만 아니라 예술성을 포함해서 어느 것 하나도 중요하지 않은 것이 없다는 걸 절감하게 한다.

부족한 자신을 탓하며 마냥 멈추고 있을 시간적 여유도 없다. 생각하다가 분재처럼 간단하게 시도하고 싶었다. 나름대로 국화꽃 작은 것에서부터 중간 크기까지만 만들었다. 미리 상상하며 기본틀도 구성한다고 했지만 잘못 세웠을까. 시도한 마음과 달리 빈틈을 채우다보니 또다시 풍성한 작품이 되고 말았다.

꽃꽂이 책을 보아도 마음에 와 닿지 않는다. 긴 세월 배우면서 자기만의 예술성이 드러나지 않는다면 '모방하는 것과 다르지 않으리라.' 생각하며 사방에 걸려서 손길을 기다리는 꽃들을 바라보며 넋 놓고 보게 된다. 전복 모양의 수반이 채근하며 바라보는 것만 같다.

귀한 손님이 왔을 때만 과일을 담아 내놓던 유리그릇이다. 지화를 만들기 시작하면서 수반으로 이용할까 해서 갖다 놓았다. 그때까지 만들던 꽃 종류들은 커서 어울리지 않을 것 같다. 적당한 꽃을 찾다가 작게 피어나는 해국을 선택했다. 다행히 국화꽃과 접는 과정이 비슷했다. 생화와 비슷한 염색을 하고 꽃잎으로 재단하고 오리며 집중적으로 시도했다.

해국은 흙이 별로 없는 바위틈이나 절벽에 자생한다. 바닷가 모진 해풍 등을 견뎌야 하는 난관 속에서도 보라와 하얀색으로 가을에 풍성하게 피워내는 식물이다. 존재하기까지의 해국의 환경을 인식하게 되자, 지화의 인연 따라 들어선 길에서 작품을 시도하며 어려움에 처해있는 나와 다르지 않다는 생각을 하며, 더욱더 작품으로 완성해야 한다는 열의가 솟구쳤다.

색다르게 구성하기 위해 수반에 놓을 돌을 주변에서 찾아다녔다. 모양이 그럴듯하면서 크거나 무거워 쉽게 구해지지 않는다. 대신 밭담 사이에서 산 모양에 정교하게 생긴 돌을 들고 왔다. 지켜보고 있노라니 한 가지 수반에만 집착하던 자신을 의식하게 되었다.

다음 날은 들에 가서 돌무더기를 헤치기 시작했다. 크기도 모양도 그토록 찾아다니던 돌이 보인다. 작고 앙증맞으면서 수반에 적당한 크기로 나타난다. 보는 순간 보물을 발견한 듯 가슴이 벅찼다.

세 개의 돌을 앞에 놓고 막상 작품을 시도하려니까 수반에서부터 지금까지 마음을 무겁게 하던 작품성에 부딪친다. 생화 꽃꽂이는 오래전부터 눈부신 발전으로 이어가고 있다. 대중화되면서 기본적인 기법과 예술적인 감각으로 장식하는 부분이 많다. 변해가는 현실 속에서 지화는 제자리에서 맴돌기에 자연히 외면하고 있는 것은 아닌가. 지화라는 이미지에서 벗어나 색다른 특성을 살리지 않는다면 언제 어디서나 생화와 비교 당하게 된다. 기로에 놓인 지화를 생각하다 보면 지금까지 무엇을 위해 씨름하고 있나 싶었다.

가을에 접어든 계절이기에 해국은 잘 선택했다. 작품을 어떤 방법으로 꽂아야 예술적인 감각이 나타날까. 머리에서 맴돌면서도 시도하면 만족할 만한 작품으로 이끌어내지 못해서 애가 탄다.

어렵다고 손 놓고 걱정한다고 해결되는 것도 아니다. 전시회 시일이 바쁜 지도 스님만 의지할 수 없는 형편이다. 대부분의 회원들이 나와서 마무리하느라 정신이 없다. 나는 '어떤 방법을 찾아야 후회 없는 시간이 될까.' 수반 위에 놓을 돌들을 이리 저리 바라보며 얼마나 주시하며 생각했던가.

어느 날 흐트러졌던 마음을 한 방향으로 다잡았다. '전문가 기법을 따르지 않고 해국이 자연에서 생존하던 법 그대로 살려보자.' 하고 자신에게 최면을 걸었다.

마주하는 분들이 아무런 편견 없이 감상하기를 바라는 마음이었다. 수반 위에 정교하게 생긴 자연석은 살리면서 이리저리 시도하다 마음에 안 들면 뽑았다가 다시 다른 방향으로 시도하기를 반복하며 집중하다보면 만들어진 꽃이 부족하다. 3개의 작품을 완성하려면 꽃부터 만들어 놓아야 한다며 이백여 송이를 먼저 만들어 놓고 하나의 작품을 완성했다.

사무실에 작품을 가져갔다. 동료들이 특별하면서 예쁘다는 말을 아끼지 않았다. 더욱더 열의가 생기면서. 기간 내에 대 · 중 · 소 세 개의 작품을 마무리하였다. 전시회에 참석하는 분들에게도 많은 주목을 받았으면 하는 마음이 간절했다. 밤낮 가리지 않고 투자하면서 애착이 가는 만큼 기대를 하게 된다.

아무리 애써 완성해도 전시회 전날 도착해 보니 제일 큰 해국 작품이 사방에 흠집이 생겼다. 칠판이 떨어지며 부딪쳤다는 말을 듣다보니 내 어깨가 무너지는 기분이었다. 지화와 몇 개월 밤늦도록 동고동락하면서 분신처럼 녹아났을까. 본래의 작품으로 되돌려 놓는데 손이 떨린다. 그럴듯한 돌을 수반에서 원형을 살리느라 유독 손길이 많이 가서 더 애착이 가던 작품이다.

긴장하며 기다리던 전시회 날이 돌아왔다. 많은 분들이 드나들면서 뜻밖에 해국 작품 다 낙찰되었다. 원하던 분들에게 다 안겨 드리지 못해서 또다시 만들어야 하는 기회까지 얻게 되었다. 전복 모양의 그릇으로 인해 작품을 구상하기 시작하면서 또 다른 크기의 작품까지 이끌어 내었다. 생각지 못했던 인기로 이끌어 가면서 특별한 경험을 쌓게 하던 해국 작품이 되었다.

7부

생각하는 정원

감태 나무의 변화

결혼식 피로연에 참석한 날이다. 내 목에 걸린 목걸이를 보던 옆 사람이 고상하다고 한다. 화려하지 않으면서 전통적인 분위기를 주어서 가끔 하고 다니는 목걸이다. 지인에게서 받으며 다음에 만나면 식사라도 대접하려고 연하장을 보내었는데 답이 없다.

어느 해 지화 전시회를 하는 날이었다. 계룡산 거사라며 다양한 주장자와 목걸이, 지압봉 등을 가지고 와서 같이 전시회를 가졌다. 다양한 모습을 지켜보던 스님들은 '연수목'으로 만든 작품이라고 칭찬을 아끼지 않았다. 말을 들으면서도 의미를 몰라서일까. 마음에와 닿지 않았다. 날이 갈수록 결국 의문으로 다가와 자료를 찾게 되었다.

벼락은 아무리 약해도 일백 와트의 전구 7천 개를 8시간 켤 수 있는 에너지를 갖고 있단다. 아무리 단단한 나무라도 벼락이 떨어지면 전류가 나무 속 수맥을 따라 흐르면서 수분이 증발하고 수축하면서 폭발로 인해 속까지 검게 타버린다.

감태나무는 돌산에 뿌리를 내리고 철분을 직접 먹고 자신을 헤치는 금속 성분을 흡수한다고 한다. 그런 고난을 다 받아들이고도 성장하기에 연수목이란 새로운 이름으로 탄생했나 보다. 공중의 '전자' 와 지표면의 '양전하' 가 서로 접촉했을 때 발생하는 벼락이 나무에 떨어질 확률은 아주 낮단다. 세월 속에서 어쩌다 강한 전류를 받아들이며 전신에 드러난 상처와 고통을 짊어진 연수목 찾아내기란 쉬운 일이 아니다. 포기하지 않고 전국적으로 유명한 산마다 찾아다니는 거사의 자료를 읽다보니 정말 귀하고 강한 나무라는 게 조금씩 다가온다.

어느 날 산신각에서 기도를 하던 거사가 잠깐 잠이 들었는데 백발노인이 나타나 지팡이 하나를 던져주는 꿈을 꾸었다 한다. 기도하려고 계룡산으로 가다가 꿈에서 보았던 나무를 발견했단다. 나무를 베어다 지팡이로 삼고 다녔단다. 계룡산 주지 스님이 "어찌 이런 나무를 구했는고. 이 나무는 옛날부터 고승들이 지니고 다니던 주장자다." 라고 설명하였다. 이후 거사는 연수목에 인생을 걸고 비가 오나 눈이 오나 광활한 명산들을 찾아다니며 십 년 이상 운명처럼 연구하기 시작한다.

"언제 벼락을 맞았나. 어느 방향에서 자라고 있나. 산의 기운을 얼마나 받았을까. 벼락 맞은 부분에서 기가 나오는데 그곳을 제대로 다루어야 기가 나온다. 모르면 기가 있어도 안 나온다."라고 설명한 거사의 자료를 읽게 되었다.

보이지 않는 나무 내면의 세계에서 어떻게 다양한 기운을 느낄 수가 있는 것인가. 많은 경험을 쌓은 덕일까. 감태나무는 침묵 속에서 자라지만 심취에 빠진 거사에게 발견되면 침묵을 깨고 수없이 다루며 무한한 언어와 가치를 찾아내었다. 한결같은 마음으로 몰입하는 거사가 아니었으면 벼락 맞아 생긴 무늬를 보면서도 뭔가에 의해 썩어가는 나무로 외면하고 있으리라. 소중한 자원이라는 걸 알고 다가가는 거사가 있기에 다시 세상에 알려지고 있으리라.

세월의 그루터기를 아무리 강한 전류로 내리쳐도 자신의 영력에서 소멸하지 않는 원천의 힘은 얼마나 강한 것인가. 강한 전류의 강도와 부딪치며 드러난 흠집을 변화의 육신으로 받아들이고 초연하게 성장하는 생명이 이 세상에 또 있을까.

꿈에 나타난 백발노인과 나무를 알고 있는 주지스님과 거사가 서로 인연으로 맺어지면서 작품으로 일구어가고 있다. 아무리 좋은 나무도 생긴 그대로 작품을 만들어야 하기에 넘치거나 부족함이 없어야 한다고 한다. 시기를 놓치지 않고 적당한 모습의 나무를 베어다

그늘에서 사오 년 말려야 뒤틀림 없는 작품으로 새로 태어나고 있다.

거사는 작품이 되기까지 조각칼로 벼락 맞으면서 고뇌에 찬 무늬를 섬세하게 살려낸다. 모습에 심취해서 그라인더와 사포질을 여러 번 한단다. 옻칠도 꼼꼼하게 여러 번 해야 모양이 제대로 나온다. 여러 가지 과정을 수십 번 다루면서 손가락 지문이 다 지워졌다고 설명하고 있다.

아무리 절대자가 예언을 하여도 요즘 힘들고 어려운 일을 배우며 실행에 옮기는 사람은 얼마나 될까. 자신의 몸을 아끼지 않고 다양한 재주를 지닌 거사였기에 예술품으로 승화하고 있으리라.

끊임없는 과정 속에서 연수목의 기운을 살려서 전통적인 기술로 태초부터 존재했던 것처럼 주장자와 공예품도 함께 탄생시켰다. 시대를 뛰어넘어 이 시대에서 살아가는 사람들에게도 고전적인 작품을 접하게 해 주었다. 비싼 보석처럼 화려하지는 않아도 오랜 세월 함께하던 온기가 고스란히 스며든 것처럼 정이 간다.

거사는 작품들을 제주에 두고 다른 지역 일정에 따라 떠났다. 동생인 스님이 전시회가 끝나자 지화 장엄 연구회원 모두에게 하나씩 나눠 주었다. 마음껏 감상하고 나쁜 액운을 막아준다는 목걸이까지 지니게 되었으니 얼마나 큰 행운인가.

이름 그대로 벼락을 맞아도 생명을 연장하는 연수목이다. 하늘과 땅 사이에서 일어나는 벼락의 기운을 다 간직한 나무로 만든 목걸이를 선물로 받았다. 과정을 확인하다 보니 돈으로 환산할 수 없는 작품이라는 걸 일깨워 준다. 알면 알수록 보답하지 못한 마음은 더 무겁게 다가온다.

흉상 제막식 날

오곡백과가 무르익은 시월에 송천 선생님 흉상 제막식을 하는 날입니다. 각자의 삶의 터전에서 가꾸던 결실이 크던 작던 소중하게 생각하며 살아가는 세상입니다. 그 중심에서 너와 나라는 사이의 선을 지우고 씨를 뿌리고 가꾸며 열린 열매이기에 더욱 더 아름답고 값지게 다가옵니다.

1945년 고향을 떠나 타국 일본으로 건너가 고무신 장사에서부터 어렵게 돈을 벌었다지요. 아까워하지 않고 가난한 이웃과 후손들을 위해 고향에 투자하기로 합니다. 십 년 이상 초등학교에 운동기구와 다양한 시설물을 설치하기 위해 멈추지 않았기에 다른 학교의 부러움의 대상이 되었습니다.

어린 자식들을 학교에 보내었지만 먹고 살기가 어려워 개인적으로 챙겨주지 못하는 시대였습니다. 공부도 중요하지만 운동기구 등을 설치하여서 건강하게 자라날 수 있는 근본적인 대책을 마련해 주었습니다. 그것으로도 모자라 산 교육을 위해 세종대왕 동상까지 세우며 지속적으로 이끌어 왔다는 걸 오늘에서야 알게 되었습니다.

멀리서 등짐으로 나르던 우물 대신 집안에서 사용할 수 있는 상수도를 개발하는 데 많은 도움이 되었다지요. 더 나아가서 어두운 등잔불 속에서 생활하는 주민들에게 다른 지역보다 먼저 전기를 사용할 수 있게 도움을 주었습니다. 교육과 삶 양쪽으로 알게 모르게 이끌어 주셨기에 앞서가는 대촌 마을로 빛어내는 밑거름이 되었습니다.

자연이 자신을 키우기 위해 계절마다 변하듯, 사람도 한평생 살아가려면 때에 따라 변하기 마련입니다. 선생님은 초심을 버리지 않고 꾸준하게 추구하며 후원하는 삶의 전통적 가치까지 살려 왔습니다. 평범한 사람은 평생을 걸려도 한 번도 못 하는 선행을 시대 발전에 따라 꾸준하게 후원해 왔기에 얼마나 대단한 실행입니까. 나이가 들어가면 접을 수도 있지만 열성은 멈추지 않았습니다. 당신의 노후 대책을 마련하듯 복지 회관과 도서관 건립 추진위원장으로 나섰습니다. 많은 노력 끝에 250평 삼층 건물로 마을 중심지에 세워져서 앞서가는 마을로 인정받게 되었습니다.

거기서 만족하지 않고 일본에 거주하는 함덕리 출신 독지가들에게 장학회 건립의 필요성을 강조하며 많은 돈을 조성하였습니다. 열심히 뛰어다니며 고향에 대한 마음이 흩어져 살아가는 개개인들을 하나로 모으는 데 노력을 아끼지 않았습니다. 계속 시간과 돈을 투자했기에 우리 고장에 단단하게 뿌리로 내렸습니다.

그 열의로 메말라가는 나무에 단비가 촉촉하게 적셔 주듯, 매년 초 · 중 · 고 · 대학생들에게 오래전부터 장학금을 전달하고 있습니다. 도서관에도 매년 지원하면서 지적인 문화인으로 키워가고 있습니다. 마을 곳곳에서 훈훈한 인정이 살아 움직이는 고장으로 자리잡았습니다.

따스한 마음과 손길에 보답하기 위해 건립추진위원 부위원장님을 비롯하여 14명의 위원이 성금 모금을 받아 보답하는 행사를 마련하였습니다. 선생님의 고장을 위하는 마음이 사방에서 이어지면서 다시 많은 단체장과 기관장을 비롯하여 모두 한 자리에 모여 하나의 불씨로 활활 타오르고 있습니다. 수십 년 동안 지속적으로 아낌없이 베푸신 많은 내용들을 찬찬히 듣게 되었습니다. 이 지면에 다 설명할 수 없을 만큼 크나큰 업적에 감격해서 뜨거운 눈물이 흘러나옵니다. 동시에 웃고 울게 하는 정말 뜻깊은 행사였습니다.

대부분의 사람들은 베푸는 돈으로 호화로운 생활을 추구하려고 합니다. 선생님은 작은 터에 아담한 단층 건물에서 일하는 도우미도 없이 살아가고 있습니다. 울안에 잡풀과 조경도 팔십이 넘은 나이에도 직접 깔끔하게 정리하며 소박한 삶을 살아가기에 더욱더 존경하게 됩니다. 모든 과정을 묻히지 않고 성장하는 후손들에게까지 전달되도록 애쓰신 추진위원장과 위원들에게 주민의 한 사람으로서 감사의 마음을 전합니다. 정말 고맙습니다.

당당하게 세워진 찬란한 모습이시여! 한평생 차곡차곡 쌓아 온 업적과 헌신이 이 고장에 우상으로 세워졌습니다. 이젠 교육에서부터 일상에서 알게 모르게 도움을 받으며 살아가는 마을이 되었습니다. 그날 보고 듣고 느끼는 열의마다 모두 합일을 이루었습니다. 대대로 내려가면서 열성적인 정신이 더욱더 빛나는 대촌 마을이 되었으면 하고 생각해 봅니다.

생각하는 정원

평생교육원생들과 분재원 원장 강의를 경청하게 된다. 긴장하며 듣고 있는데, 크게 네 번이나 다쳤다는 말을 듣는 순간 마음이 아프다. 분재에 대하여 문외한이지만 어느 쪽으로 가거나 어느 화분에 가도 눈을 돌리기가 아쉬웠다. 제한된 공간에서 수백 년 된 다양한 분재들을 관리하기란 쉬운 일이 아니다. 몸을 사리지 않고 온몸으로 매진하며 수없이 다치면서도 일구어 놓은 보고였다.

분재에 비해 비좁은 화분에서 제대로 자리잡은 수많은 자태를 보고 강의를 들어서일까. 계절에 따라 꽃을 피우고 열매를 맺게 하려고 수없이 다가가 매만지는 과정의 모습을 상상하게 된다. '책보다 나무에서 더 많은 인생을 배웠다.' 는 철학적인 말씀을 듣다 보니 실행에 대한 일상들을 상기시켜 준다. 어떤 작품이라도 과정 없는 결과는 우리 앞에 존재할 수가 없다.

원장이 처음 펴낸 저서 『저 두루와 낭이 밥 먹여주나』 제목이 떠오른다. 처음 이 공간을 마련하고 기초를 다루던 당시는 전기와 수도가 없을 뿐 아니라, 먹고 살기도 힘들던 육십 년 중반이었다. 황무지 돌밭을 원시적인 기구로 깨고, 땅을 고르는 과정은 직접 경험하지 않으면 설명하기 어려운 공사다. 노력한 만큼 수확을 올릴 수 있는 길도 아니다. 몇 십 년 후를 내다보는 생소한 터전에서 계속 투자하고 있기에 주위에서는 한심하게 바라볼 수밖에 없는 시대였다. 주변에서 지켜보며 하던 말을 책 제목으로 삼았다.

나무를 사랑하는 아름다운 마음만으로 잘나가는 사업을 과감하게 처분하였단다. 전 재산을 투자하였지만 완성하기 전까지는 끊임없이 쏟아부어야 하는 자본이 따라주지 않아 정신적 고생이 많았단다. 식물로 한없이 다가가는 욕망을 마음껏 펼칠 수 없던 시간이 육체적 고통보다 더 아픈 나날을 견디었단다. 인생을 그곳에 심었기에 수년의 고난을 견디었으리라. 강의를 듣고 나서야 얼마나 어렵고 힘들게 탄생한 공간인지 조금은 이해하게 된다.

어렵다는 이유로 꿈이 있어도 포기하고 평범하게 살아가던 사람과 다르다. 수십 년 투자하며 노력하고 또 부족한 것을 채우고 자신을 다스리며 수많은 세월을 뛰어 넘었다. 용기가 남달랐을까. 아니면 인내심이 투철하였을까. 고난의 과정은 어떤 글로도 담아내기에는 역부족인 것 같다.

나무들의 수많은 상처를 정성과 기술로 치유하면서 세월과 함께 키워온 과정을 당당하게 설명하고 있다. 많은 세월과 수많은 고통과 아픔을 함께한 원장이 거기에서 끊임없이 연구하며 머물고 있었다. 존재했기에 수십 년이 지난 지금 세계적으로 알려진 정원이 탄생하게 되었으리라. 개인의 혼이 담겨지면서 제주의 자산으로 거듭나고 있다.

각자의 개성대로 이름을 달고 탄생하기까지 정말 피와 땀이 담겨 있으리라. 완성 품이면서도 거기가 끝이 아니란다. 살아 움직이는 생명이기에 계속 손길을 원한다. 분재마다 심리적인 내면의 세계를 다 파악하고 언제까지나 살아 움직이게 돌봐야 한다. 수십 년 계속 연구하면서 이어온 노동의 삶 속에서 신이 아닌 이상 사고가 발생하게 마련이다. 그래도 포기하지 않고 계속 새롭게 구성하기에 들어설 때마다 고도의 변화를 안겨 주고 있다.

화분마다 애정을 담아 작품으로 승화시키는 과정을 어떻게 다 이해하겠는가. 세월 속에서 끊임없이 연구하고 생각하는 원장님이 존재하기에 분재라는 수많은 이름으로 세계가 놀라게 하는 업적으로 이끌어가고 있다.

당신 분신처럼 시기에 따라 화분마다의 장단점을 파악하고 계절에 따라 다가가는 노고는 끝이 없는 공간이다. 정성을 들인 만큼 고고한 자태로 넓은 공간을 채우며 저마다 관광객을 기다리고 있다.

과정을 통해 가치를 일깨워 준 원장 같은 분을 종교처럼 거룩하고 예술보다 더 아름답다고 하지 않나 싶다. 우리나라 남쪽 끝 섬을 고향으로 삼아 가꾸어 온 심오한 보물들이다. 세계로 이어가면서 외국으로 초청받아 나가는 횟수가 점점 늘어난다고 한다.

대신 원장의 몸을 혹사시키는 길이지만 분재와 함께하는 시간이 행복하기에 또 다시 태어나도 같은 삶을 이어가겠다는 말을 당당하게 한다. 당신의 손길을 한계를 두지 않고 또 다른 가치를 찾아내려는 열정이야 말로 자신의 육체보다 끔찍이 사랑하는 마음이다. 애정만으로 수십 년 키워 온 낙원이라고 생각하니 세 번이나 들려도 온몸에 세포까지 놀라게 한다.

기후가 따뜻하고 습도와 환경이 나무를 키우는 데 적절한 조건이 갖추어졌다. 하지만 섬의 거친 바람으로부터 나무들을 보호하기위해 돌담을 쌓다가 다쳤단다. 외줄과 겹줄로 쌓아올리던 모습이 마음에 들지 않아 시행착오를 반복하면서 제주의 현무암으로 또 다른 예술품으로 창조한 성담이 정교하게 선보이고 있다.

정원으로 향하던 마음이 얼마나 높고 깊었을까. 편한 여생을 보내야 할 칠십대가 넘어도 자연의 섭리에 끊임없이 도전하고 있다.

고목이 썩어도 경이롭게 제 역할을 다하는 생존의 법칙처럼 원장님은 정원에서 평생 체력과 내면을 키우며 거듭나고 있다. 평생 천직으로 받아들이는 마음으로 나이의 경계선도 지워가고 있다. 끊임없는 시련을 통해 분재가 하나 둘 늘어나던 과정 속에서 수백 개의 작품으로 거듭나 지금은 국적 없이 다가가는 눈길을 사로잡는 동방의 낙원으로 자리잡았다.

그래도 원장님은 아직도 오십 퍼센트밖에 완성되지 않은 정원이라고 한다. 그 말을 들으면서 『생각하는 정원』이란 서적을 사 가지고 와서 꼼꼼하게 읽었다. 세계 곳곳에서 기슬과 정원을 탐내는 열정들이 늘어나고 있다. 원장이 평생에는 세계 어느 곳보다 아름답고 원대한 낙원으로 실현하고 싶은 욕망이 내재되었다.

아직도 만족하지 못하고 더 키우고 싶은 욕망을 안고 살아가기에 현재보다 더 나은 미래를 향하는 마음이 내재되었다. 다시 가보고 느끼는 시간에도 원장의 섬세한 마음과 손길은 분재를 매만지고 있다. 말과 글로 설명할 수 없는 오묘하기만 한 분재를 보면서 환호성으로 답할 수밖에 없는 정원이었다.

백록을 보면서

교육원에서 서귀포 소인국테마파크에 들르는 날입니다. 전 세계를 축소해 놓은 모습에 빠져 한 바퀴 돌고 나오려고 하였습니다. 한쪽 편에서 뭔가 움직이는 모습을 보고 따라 갔습니다. 전설에만 등장하던 백록 두 마리가 있습니다. 혼자 남아 보고 있노라니 허상을 보고 있나 싶었습니다. 백록은 십만 마리 중 한 마리 꼴로 나올 정도로 희귀해서 행운을 가져다 주는 영물로 알려졌습니다.

뛰어난 영물은 다른 것인가요. 인기척이 있어도 놀라지 않고 의연하게 쳐다봅니다. 신기해서 눈을 마주하려는 나를 외면합니다. 자신들의 특별한 자태를 자랑하듯 뿔로 서로 맞부딪치며 묘기가 펼쳐집니다.

사슴은 허약한 사람이 한약으로 이용하면 혈액순환을 도우며 골수와 근육을 튼튼하게 키워준다는 말을 자주 들었습니다. 먹고 살아가는 사람이기에 다양한 육식과 채소를 먹어야 건강하겠지요.

여자이기에 나타나는 폐경 증세로 정신적으로 가라앉는 자신을 의식하게 됩니다. 집중력이 필요하다는 마음 따라간 곳이 평생교육원이었습니다. 수필 강의를 듣게 되었습니다. 다양한 단어들이 마음 속에 주입되면서 소진해서 무기력한 마음을 자극합니다.

어느 날 강의 시간이었습니다. 지구의 중심은 "그 시간이 될 수도 있고, 사람이 될 수도 있다."는 강의를 들었습니다. 듣던 나는 엉뚱하게도 '만인의 사이에 선이 없는 평등한 사회란 뜻인가.' 하고 질문도 안 하고 혼자 의문으로 이끌어가게 됩니다. 모르면 집에 와 국어사전을 펼쳐놓고 풀어갔습니다. 아는 만큼 받아들이면서 돌멩이처럼 딱딱하게 굳었던 정신으로 파고 들어가면서 열의가 생겼습니다. 강의를 들으며 배우는 시간이 나에게는 영양 조건이 갖추어진 한약보다 더 많은 효험을 받던 시간이었습니다.

백록은 이상적인 영양 조건을 다 갖추어서 옛날부터 최고의 영양을 자랑했습니다. 처음으로 보는 순간 '백록'이란 구성원을 키우면서 언제나 열강하던 교수님의 모습이 떠올랐습니다. 강의 중에 '현상적인 관찰에서 내적인 본질을 찾아야 한다.' 는 말씀을 자주 하였습니다.

그 이후 자연에 집중하다 혹독한 환경 속에서도 마다않고 속절없이 달구어내는 어린 꽃봉오리를 확인하게 되었습니다. 한 치의 오차도 없이 계절에 따라 순환하며 계속 내면의 기운이 겉으로 드러나게 키우는 자연이었습니다. 인생사도 집중하다 보면 언젠가는 내면을 키우는 결실이 나타나리라는 희망을 가지게 되었습니다.

사슴도 수년 전까지만 하여도 야생에서 마음껏 자유롭게 산천을 뛰어다니며 다양한 약초와 초지만을 먹던 동물입니다. 생각만 하여도 신선해서 저절로 많은 효험이 될 수 있을 것 같습니다. 귀하게 생각하던 시대와 달리 요즘은 귀할수록 한정된 우리에서 사료와 초지를 먹이며 키우고 있었습니다.

사슴의 녹용과 녹혈이 아무리 강장제 역할을 해왔다지만, 옛날과 키우는 과정이 다르기에 나타나는 영양도 떨어지지 않나 싶습니다.

교수님은 변함없이 '본질에서 영적으로 이끌어내어 소통해야 한다.' 고 수없이 설명하고 있습니다. '수필로 가능하려면 어떻게 해야 하는 것인가.' 하고 자신에게 수없이 질문하게 됩니다. 어느 날 「미시령 노을」 이라는 시 작품을 같이 공부하였습니다. 간단하게 함축한 시지만 광범위하게 설명하는 강의를 들으면서 끊임없이 '영성'을 강조하는 이유가 있지 않나 싶었습니다. 마음 따라 자신과 싸우던 소재 앞에서 내면의 본질까지 가보자는 마음은 넘쳐납니다. 마음과 달리 다가가면 겉에서만 맴돌게 됩니다.

아무리 매달려도 마음뿐이었습니다. 본질에서 영성까지 내다보려면 안목을 더 키워야 한다는 생각에 머물게 되었습니다. 배우면서 작품으로 다루지 못하고 자꾸 내면에 쌓이면서 버겁게 자리를 차지하고 있습니다. 다시 다가오는 단어들을 더 이상 받아들이지 못하는 현상이 일어납니다. 펄펄 끓는 물처럼 뜨겁던 열의가 점점 식어가는 자신을 의식하게 되었습니다.

포기 대신 가끔 뜻밖의 소재를 발견하면 하나의 작품으로 이끌어 가려면 중간에서 강하게 부딪치고 여운만이 맴돌았습니다. 여운을 붙잡고 정상까지 가기에는 너무나 어려웠습니다. 풀 수 없는 숙제를 짊어진 것처럼 보이지 않는 무게에 짓눌려 버거워 벗어나고 싶었습니다. 벗어나 생각하노라니 내 생에 정말 처음으로 진지하게 배우던 기간이었습니다.

A 교수님은 소설학자이며 평론가입니다. 자신의 전문분야보다, 수필 교육에 대한 열망으로 교육원에서 불씨를 지피고 있습니다. 알려지면서 교육원으로 모여드는 문학 지망생들이 해마다 늘어나고 있습니다. 지금은 주간, 야간 각각 2개 반으로 네 반으로 늘어났습니다. 제자들 앞에 서면 늘 창작의 세계에서는 혼신을 다해 '성찰과 통찰'로 전진하기를 끊임없이 강조하고 있습니다.

갈고 닦은 실력을 살려 해마다 발간하는 수필집이 어느새 11집이 나오는 해가 되었습니다. 공동체 내에서 잘못된 언어가 나오면 새로 중심을 잡고 처음부터 끝까지 초심을 잃지 않고 변함없이 추구하려 합니다. 변함없는 교육열이 항상 내재되었기에 평생교육원 전체를 총괄하는 원장님이 되지 않았나 싶었습니다.

더 이상 올라갈 곳이 없는 자리입니다. 자리가 자리인 만큼 더욱 더 바빠지겠지요. 끊임없이 연구하면서 오직 제자들을 위한 열의가 넘쳐나면서 많은 원생 중에 언젠가는 뛰어난 작품으로 보답하리라 생각해 봅니다.

뜨거운 마음의 소리

교수님의 문학강연이 있다기에 신춘문예 시상식 자리에 참석했다. 한라일보가 주최하는 '한라신춘문예'는 올해로 스무 번째란다. 한 해도 거르지 않고 긴 세월을 투자하며 이끌어 왔다는데 나에게는 생소하다.

배달되는 신문마다 안 읽고 처리하면 뭔가 놓칠 것 같아 밤이 깊어도 확인하던 기간이다. 그런데 왜 몰랐을까. 내가 보던 지방지와 달라서인가.

등단한 사람들의 이름을 호명하는데 지난날 일상이 스쳐 지나간다. 등단하기 전 마음 가득 차오르던 감정을 어딘가에 내려놓고 싶었다. 등단하고 어느새 십 년이란 고개를 넘어가고 있다. 많은 세월이 흘러갔는데도 문학 지망생들은 변함없이 늘어나고 있다. 한라일보에서는 시 · 시조 · 소설을 공모하고 있다. 일 년에 수백 명이 참가 한다는 말을 들으면서 지금까지만 해도 몇 만 명과 함께하던 길이었다.

세상에서 일어나는 일들을 매일 독자들에게 전달하는 과정이 얼마나 바쁜 언론사인가. 또 다른 역점사업으로 신춘문예를 이끌어 가려면 끈끈한 의지와 돈을 투자해야만 이루어진다. 아무리 뜻이 있어도 어려운 시대에 따라가려면 가짓수를 줄여 간다. 신문사는 전에 시 · 소설에서 시조까지 공모하며 문학의 길을 넓혀가고 있다.

등단한 사람들에게는 더없는 기쁨이지만 놓친 사람들도 과정 속에서 자신을 확인하는 계기가 되지 않았을까. 당년에 등단하지 못해도 포기만 하지 않는다면 또 다른 삶을 담아 도전할 수 있는 길이 열려있다는 것만으로도 얼마나 다행인가.

소설을 심사한 허 교수님의 강의는 '최순실 게이트'로 인한 국정 논단에 온 나라가 한참 흔들리는 흐름을 국민들을 대변이라도 하듯 열강을 한다. 간단하게 요약하면 "산업사회에서 왜곡된 자본주위가 세계적으로 전쟁처럼 일어나고 있다. 인간과 세상, 인간과 자연의 사이가 모두 무너지는 형상이 일어난다. 점점 크게 벌어지는 사태는 어둠과 빛 상반된 두 가지가 이 세상에서 돌아가고 있다. 이런 시대에는 인간의 진정한 정신과 영혼이 중심이 되는 문학이 필요하다. 위와 비슷한 사건들이 어제 오늘의 문제만이 아니다. 역사처럼 되풀

이되면서 그리스 시대부터 문인들이 중심이 되었다."라고 설명한다.

아무리 그럴듯한 말이라도 순간을 제대로 포착하지 못하면 사라지고 만다. 문학은 생각을 담아 표현하기에 잔잔한 울림으로 마음과 마음이 서로 이어지는 정감을 키워간다는 말씀이리라.

최순실 게이트로 한참 추악한 뉴스거리가 세상을 가리는 것 같다. 하지만 잠시 왔다 가는 안개처럼 전문가들에 의해 실체는 드러나게 마련이다. 인간의 추악함은 온 국민에게 상처만 남기는 행위다. 어느 대까지 변함 없이 이끌어가려나. 중앙에서부터 태양처럼 밝아야 빛이 전국적으로 퍼지면서 서로 밝은 미소로 이어가는 세상이 되지 않을까.

막연하게 받아들이는 국민에 따라 목소리를 내다보니 온 나라가 지진처럼 흔들리고 있다. 비리로 썩어가는 뿌리는 몇 그루가 안 된다고 생각해 본다. 수많은 나무 종류들 중에 가지를 키우며 남긴 흔적들이 많으면 얼마나 많겠는가.

아무리 다른 나무 그늘에 숨어도 실체를 보고 들으면서 느끼는 국민들의 뜻이 모아졌다. '뿌리까지 뽑아서 다시는 그런 종류의 나무를 심어서는 안 되리라.' 하고 매일 구호처럼 외치며 언론과 국민은 주말마다 촛불 행사로 다짐하고 있다.

열의가 식기 전에 교수님의 강의처럼 온 국민이 올바른 정신과 해맑은 영혼을 키우는 밑거름이 되는 방법은 없을까. 가능하다면 '아름다운 세상으로 키워가는 길도 열리지 않을까.' 하고 생각하게 한다. 주최와 심사위원과 희망을 안고 살아가는 문인들의 마음이 한 자리에 모였다. 분위기는 다시 세상을 논하는 시간처럼 다가온다.

과학 기술이 발달할수록 인간의 마음을 억제시키고 감정은 점점 메말라가는 현실이라고들 입을 모은다. 어려운 삶에 부딪치던 감정들을 개개인이 다루며 열정으로 쏟아낼 수 있는 신춘문예는 많은 사람들에게 주춧돌 역할을 하였으리라. 기초부터 심사를 통해 경쟁률이 높아지면서 탄력을 받는다. 세상사 어떤 파동에도 흔들림이 없는 기둥으로 인도하는 길을 넓혀가는 것 같다. 같은 공간에서 함께 하다 보니 마음속 깊은 곳에서 뜨거운 열망을 느끼게 하는 행사였다.

배움의 길에서

첫 강의는 '문학이란 무엇인가' 로 열었습니다. 작품을 쓰다가 부딪치면 정말 '문학은 무엇인가.' 하고 늘 생각하던 나에게는 설명하는 단어들이 마음에 와 닿았습니다. 수필을 제대로 쓰려면 좋은 수필을 많이 읽어야 한다며 수준 높은 작품을 올리고 읽기를 강조하였습니다.

일관성과 개인성, 전형성의 강의를 들으면서 메말라가는 나무에 단비가 내리는 것처럼 촉촉하게 스며들었습니다. 이어 '수필이란 무엇인가' 라는 주제로 강의를 하였습니다. 기초가 단단해야 한다며 주제와 소재, 수필의 형식과 문학의 중요성을 자세히 설명하였습니다.

이미 알고 있던 기초이지만 자세히 설명하면 할수록 중요하게 여겨졌습니다. 마음에 담아 두면서도 제대로 이용할 생각도 안 했던 것 같습니다. 계속 배우다 보니 기초와 형식을 외면하고 쓰는 데만 급급했던 자신을 되돌아보게 합니다.

자라다 멈추어 있는 과실수에 밑거름이 되어서 막연하게 다루던 작품을 꺼내어 주제와 정확한 어휘력으로 이끌어 갔는지 확인하게 됩니다. 수필을 제대로 쓰려면 선택한 소재를 끊임없이 '애정과 성찰'로 사물을 보아야 한다고 강조하였습니다. 관찰이 끝나면 제대로 된 문장과 철학적으로 다루었는지 확인하라고 합니다.

자기만의 수필로 이끌어가려면 무엇보다 보고 듣고 관찰하는 '안목'을 넓혀야 한다고 합니다. 강의를 듣고 배우면서 쌓아온 경험을 담아 마무리할 수 있을 것 같으면서도 다가가면 겉으로만 맴돌게 됩니다.

기초적인 것도 제대로 다루기 어려운데 해가 지나서 나무가 자라면 꽃을 피워야 하는 진리처럼 밀도있는 문장을 사용하라고 합니다. 나름대로 노력하고 합평으로 다가가면 퇴고와 문학성이 부족하다고 지적을 받습니다.

지적을 음악처럼 받아들이고 더욱더 관찰하는 정감을 살려봅니다. 혹독한 겨울이 지나고 생동감이 넘치는 봄을 맞이한 것처럼 꽃을 피우기에는 좋은 계절이라고 생각하게 됩니다. 넘치는 기운으로 다가가도 마음속에서만 맴돌면서 마음껏 표출하지 못합니다.

꿈을 꾸듯 다루던 상상의 작품을 세상 밖으로 내놓아야 하나, 말아야 하나, 망설이게 됩니다. 이때 평이한 수필보다 상상의 세계를 정밀하게 검토하고 시도하는 길이 평이한 수필에서 벗어날 수 있는 길이라 강조하였습니다.

사물을 보면서 긴장하며 집중적으로 몰입하게 됩니다. 강의처럼 공간과 시간을 넘나들며 관찰하지만 풍성함을 드러내기에는 아직 역부족인 자신을 의식하게 됩니다. 주제를 동일성과 일관성으로 이끌어 가면서 한 단락이라도 문학성을 담아야 한다고 설명합니다. 강의할 때마다 처음부터 끝까지 유기적으로 이끌어가야 한다고 강조하고 있습니다.

과일도 기후와 거친 태풍을 받아들이며 수많은 과정을 견디며 태양의 빛을 받아 당도가 농축됩니다. 껍질은 색깔로 설명하며 보기만 하여도 먹고 싶은 황금빛 결실로 나타나는 감귤입니다. 하나의 열매에도 수많은 과정을 통해 탄생합니다.

만인이 살아가는 지상에 내어 놓을 작품으로 이끌어가면서 수없이 배우던 단어를 다루어야 한다는 걸 알면서도 제대로 된 작품으로 이끌어가기가 쉽지 않습니다. 여러 번의 합평으로 보석을 가공하듯, 섬세하게 본연의 가치를 살려야 한다는 걸 마음에 새겨봅니다. 해가 갈수록 완성된 결실은 아니지만 소중하게 다루며 보다 나은 작품으로 완성하려는 마음은 넘쳐나고 있습니다.

H 교수님은 평론가이면서 수필을 전문적으로 다루십니다. 문학의 열악한 문인들을 위하여 대구에서 먼 제주 도서관까지 날아와 끊임없는 열정으로 사랑의 씨앗을 가꾸고 있습니다. 작년까지는 한 달에 한 번 강의하다가 올해부터는 두 번의 강의를 하고 있습니다. 시간은 두 배로 늘어나고 있습니다만 아직도 교수가 원하는 내면의 세계를 엿보지 못하고 있습니다. 소재의 대상을 마주하면 깊이 파고 들어가 실체를 제대로 파헤치려고 합니다. 담겨 있는 의미를 문학적으로 다루어야 한다는 마음은 점점 차오르는 우물이 되었습니다.

우물을 제대로 퍼내어 진정성으로 풀어가지 못하는 제자들에게 실망하고 있겠지요. 강의가 끝나면 아무런 내색도 없이 모든 피로를 내려놓고 식당으로 이동합니다. 식사하면서 열강의 잔해물들을 막걸리 잔에 녹아내는 모습을 보았습니다. 제자마다 눈높이에 따라 서로 아울러 이끌어 가려고 애쓰는 모습이 역력하게 나타납니다. 모든 열매를 뛰어난 상품으로 키우려고 매진하는 농부의 마음과 다르지 않습니다.

소목에서부터 몇 년 성장하는 데 많은 도움을 주었습니다. 제자 입장에서도 단계별로 꽃을 피우고 결실을 맺으려고 무단히 노력했습니다. 제대로 자리잡은 과실수에 비하면 아직도 부족합니다. 세월 속에서 꽃을 피우고 열매로 키우고 나름대로 당도 높은 과실수로 성장하려고 매진하였습니다. 많은 소비자마다 흡족하기에는 역부족이겠지요. 풍성한 열매로 변함없는 열강에 보답하기위해 혹평을 받으면서도 다시 태어나고자 했습니다. 이제는 '서서히 드러나야 하지 않나.' 하고 스스로 긍정적인 생각을 하며 뚜벅뚜벅 문학을 향해 걸어가고 있습니다.

할머니 온기와 솜씨

버스에 올라서자마자 흔들려서 좌석에 푹 주저앉았다. 의자에 앉아 있던 할머니가 한복을 당긴다. '죄송합니다.' 하자 오히려 친할머니처럼 '다치지 않았냐.' 며 살핀다. 각박한 현실 속에서 얼마 만에 받아보는 눈길인가. 나도 화답하듯 "잘 어울리는 모시 한복 누가 마련해 주었습니까." 하라. "내 손으로 만들어 입었다오." 뜻밖의 대답을 들으며 계속 말을 주고받다보니 92세의 나이에도 수의를 만들고 있단다. 나이보다 정정할뿐 아니라, 모든 수양을 쌓으신 분처럼 많은 말을 하면서도 한 번도 더듬지 않고 준비된 자료를 설명하듯 총기가 대단하다. 말씀마다 고개를 끄덕이면서도 믿어지지 않는다는 표정을 하자. "김대중 전 대통령 돌아가실 때 수의를 내가 만들었다오." 하면서 소녀처럼 웃는다.

"서울에서 제주까지 찾아올 만큼 솜씨도 대단하신가 봐요." 부끄러운 듯 망설이다 "리에서 주는 상에서부터 도지사상까지 다 받았다오." 한다. 무슨 상인지 물어보려다가 참았다. 더 이상 들으면 소중한 삶의 입력이 안될 것 같아 직접 찾아가 메모하며 들어야 한다는 마음이 생긴다. 우연히 같이 앉아 대화를 하였을 뿐이다. 따뜻한 할머니의 온기가 퍼지면서 시대와 세대 차이까지 뛰어넘어 서로 인연이 되었다.

조천에서 태어나 고향의 남성과 결혼하면서 평생 조천에 사셨다고 한다. 그 나이에도 자식들에게 의지하지 않고 살고 있다. 오히려 깊은 손맛에 길들어진 가족 사랑에서 벗어나지 못해서 아직도 김치 담그고 온 가족에게 나눠주고 있단다. 시아버지 본처가 아닌 두 번째 악처 시어머니와 살면서 삼남 일녀를 낳아 키우며 산전수전 다 겪으셨단다.

지금은 할머니 솜씨를 이어받아 호상은 물론 디자이너가 된 손녀 딸이 태어나 오개월 만에 며느리가 사라졌단다. 손녀를 딸처럼 착하게 잘 키웠다는 장한 어머니 상에서부터 열 개 이상이나 되는 상패가 줄줄이 세워졌다. 자신에게만은 철저하게 인색하면서도 사방에 아쉬움과 고통을 보듬으며 낳은 소산물이었다.

독립운동본부장상과 광복회지부장상, 4 · 3 유족회 상을 받은 이유를 물었다. 말없이 간직했던 봉투를 꺼내와 보여 준다. 몇 년 전

만세동산 서북쪽에 독립관 건립 개관하는 날 참석하였단다.

'일본에 나라를 빼앗겨 온갖 설움과 압박받던 영령들이시여! 독립을 위해 피나는 노력과 열정을 바치며 앞장서던 애국선열들이시여! 신 군수님이 앞장서 옥돌로 위패를 만들고 12년이란 세월 속에서 온갖 정성으로 독립관을 완성하였기에 영원한 안식처 삼아 편히 잠드시기를 바란다.'는 내용이었다. 현장에서 보고 듣고 그 자리에 두고 오지 않았다. 한 많은 영혼들 대신 발심을 일으키며 화선지 가득 써 내려간 집필을 간직하고 계시다. 지나간 격동의 아픔을 직접 경험하며 많은 시대를 살아오신 분이기에 애잔하게 담아낼 수 있었으리라.

그리고 대표로 제 지내는 이들이 입은 옷을 보면서 소중한 행사이기에 마음이 아팠단다. 나라와 도를 위해 앞장서 싸우던 분들에게 제를 지낼 때만이라도 갖추어 정성들였으면 하는 마음이 생겼단다. 광복회와 4 · 3 유족회, 독립운동본부에 16벌의 옷을 만들어 나눠드렸단다. 마음이 얼마나 깊었으면 도지사와 군수, 도의원과 읍장까지 특별한 도복을 지어 드렸단다. 할머니는 그제야 '열네 살 때부터 바느질 시작해서 평생 옷 만들어 온 보람을 느꼈다.' 고 한다.

대단하시다는 내 말에 오히려 별것도 아닌데 소중하게 생각하고 찾아왔다며 칭찬을 아끼지 않는다. 나이가 들수록 자기를 내세우려고 이전에 도움 받던 일마저 횡설수설하면서 중심 없는 노인들과 다르다. 삶 속에서 쌓은 경험을 개인적인 영업으로만 삼지 않았다. 공동체 가치관으로 이어가 말없이 본원의 삶을 펼치지 않았나 싶었다.

"글을 쓸 정도로 옛날에도 공부할 기회가 있었습니까." 친정 할아버지가 마을 훈장 선생이기에 배우려고 하였단다. 아버지가 "여자는 배우면 연애편지나 쓴다."며 심각하게 말렸단다. 숨어서 어깨너머 배우고 일본글도 조금 배웠다고 한다. "당시 끝까지 배웠다면 선생이 될 수도 있었다."며 고개를 숙이고 쉼 없이 하던 이야기를 멈추었다. 그 모습에서 세대는 달라도 내 유년시절 선생이 되겠다던 내 마음과 비슷하다. 같은 점이 잠재되었기에 말씀마다 마음에 와 닿았는지 모른다.

옛날에는 여성이 지덕을 갖추기란 쉽지 않았기에 현모양처로 살아가는 길이 최선의 방법이었다. 점점 지식기반시대로 변하지만 이웃들과 정을 나누며 자신을 향상시키려고 부단히 애썼던 것 같다. 긴 세월 굽이마다 쏟아낸 눈물이 정제된 이슬같은 말씀으로 전달받는 기분이다. 선천적 지순함이 잠재되었기에 평생 누구나 흉내 낼 수 없는 제주 여성의 강인함이 몸에 배었다. 어느 노인에게서도 느끼지 못한 일관된 마음과 깐깐한 삶이 느껴진다.

잘 가공해야 제 모습 그대로 드러나는 화석처럼 긴장하며 같이하던 시간이었다. 잘못 매만지다 인간으로서는 최고령 백 년의 가까운 세월 속에서도 초심을 이어가는 삶이 금이라도 갈까봐 더 이상의 질문을 망설이게 되었다.

수의에 대하여 자세히 알고 싶어 하는 내 마음을 알기라도 하듯 '평생 살다가 저세상으로 가면서 모든 걸 다 두고 오직 수의 한 벌 입고 간다.'고 설명한다. 그걸 알기에 제일 좋은 천을 마련하여 꼼꼼한 바늘땀에서부터 철저하게 챙긴다면서 견본으로 삼아온 수의를 들고 나왔다. 박스에서 하나씩 꺼내며 자상하게 설명하여 주어서 나는 노트에 적고 왔다. 솜씨가 제주에서 서울까지 이어가면서 서서히 뜨겁게 달구어 온 보고에 들어선 행운아가 된 기분이었다.

꽃을 피우는 그녀

같은 고향에서 열심히 가게를 운영하던 여인이 급하게 표선마트 인수하고 가게 되었다며 들렀다. 서둘러 가는 그녀를 보면서 수년 벌어놓은 돈 다른 지역에 투자해서 잘못 되는 것은 아닐까 하고 걱정하게 된다.

이 년이 지나자 걱정을 뛰어넘어 땅 사고, 큰 마트를 직접 짓는다는 소문이 들린다. 완성하고 개업식 때 직접 가보니 소문대로 번창하였다. 내가 성공한 것처럼 기뻤다. 손님이 너무 많아 복잡해서 다음에 가서 사기로 하였다. 친구들과 이달 저달 미루다 한참 후에야 들르게 되었다.

그녀가 대접하는 식당에서부터 거리에서 마주치는 사람마다 "아이고, 사장님 어디 가세요? 뭐 사드릴까요." 한다. 지켜보고 있노라니 과장된 연극을 보는 기분이다. 불과 이 년 만에 낯선 고장에 와서도 고향처럼 사람의 마음을 사로잡아 버린 것 같아서이다. '이러다 제2의 고향이 되어서 좋은 벗 영영 빼기는 것 아니냐!'고 서로 농담까지 하였다.

보는 사람마다에게 대접받는 이유가 있을까? 의문을 안고 마트로 들어갔다. 처음 가게 시작은 작은 전세 가게에서 수백 평 마트로 이루어놓은 공간이 너무나 크다. 놀라는 친구들에게 열심히 살기도 하였지만 주변에서 많은 도움을 받아 땅을 싸게 사면서 완성되었다고 한다.

성공만큼 여사장의 건강도 같은 속도로 파고들었을까. 나이답지 않게 엉기적엉기적 걸어가는 모습을 보고 있노라니 기쁨과 슬픔이 교차한다. 건강은 뒷전이면서 언제까지 특별한 여인으로만 살아가려는 것인가. 하고 본인에게 물어 보는 대신 내 자신에게 질문을 던질 수밖에 없는 분위기다.

여 사장이 마트에 들어서자말자 손님들이 오히려 가족처럼 포옹하며 반가워한다. 서로 손 잡고 어린아이들처럼 흔들며 인사한다. 너무나 많이 달라진 판매와 계산 방식을 따라가는 남편과 달랐다. 자기만이 키워 온 경영 방식을 버릴 수 없었을까. 노인과 어린이들에게는 과자와 음료수로 집어 준다. 식당을 운영하는 사람들에게는 채소를 챙겨 주기 바빴다. 발을 옮길 때마다 상대방에게 웃음을 남기고 지나가는 그녀의 뒷모습이 눈부셨다.

지역에서는 동네 인심으로 베풀고 있다고 생각하던 내가 착각이라는 듯, 타고난 성품은 어느 지역에 가도 어쩔 수 없나 보다. 타지에 와서도 한결같은 마음으로 운영하고 있었다. 한 사람의 타고난 인품이면 인연의 끈으로 방대하게 이끌어 갈 수 있다는 걸 일깨워 준다.

들어오고 나가는 물건마다 기계에만 의존했다면 지금쯤 어떻게 되었을까. 마트에 오는 사람마다 텃세를 하며 "타지에서 온 저 여자 너무 건방지다."는 등 손님 기준으로 다양한 소문이 나면서 성공 대신 실패로 이끌어 갈 수도 있었으리라. 변화와 상관없이 타고난 인품으로 손님들에게 마음이 담긴 손길이 닿았기에 가는 곳마다 안팎으로 인정이란 파동으로 이끌어 가는 계기가 된 것 같다.

전문적으로 경영하는 사람들도 어려워하는 요즘이다. 부부가 본성으로 단단하게 키워 온 결실을 제대로 수확을 올리는 단계였다. 몇 년이 지나자 또 고향의 마트를 인수한다고 한다.

어느 날 부부끼리 모여 같이 놀게 되었다. 술과 안주 등은 언제나 마트에서 박스에 가득 들고 온다. 벗들은 마트 부부를 향해 자랑스러워했다. 그런데 여 사장은 "살맛이 안 난다."고 한다. 그녀답지 않은 말에 서로 말문이 막혀 남편을 쳐다보았다. 그제야 듣고만 있던 남편이 마트에서 인심 쓰는 물건 값을 하루에 이삼십만 원씩 주어도 부족해서 아쉬워 하는 말이란다. 타고난 인성은 행복도 아쉬움으로 나타나고 있다.

부부 대화를 대강 듣다보니 사업이 키워가는 만큼 초심에 머물러 있는 부인 입장에서도 베풀고 싶은 사람은 점점 더 많아지고 있으리라. 마주할 때마다 식구와 종업원들에게 허락받아야 하는 절차가 너무나 따분해서 하는 말이다.

아무리 벽이 높아도 포기 대신 당당하게 현실과 균형을 잡아가는 초심을 이끌어가며 무심코 던진 그 한마디는 내 심장까지 울린다. 순간 그녀를 수년 지켜보던 모습들이 한꺼번에 왔다 갔다 해서 더 이상 혼자 마음속에만 간직하기에는 너무나 버거웠다. 오랜 기간 소중하게 키워 온 보물처럼 막상 드러내려니까 너무나 깊어서 퍼올려도 끝이 안 보인다. 첫날은 밤새도록 생각만 하게 하던 여인이다.

부부 벗들은 대부분 통 크고 강인한 부인을 잘 만난 덕 이라고 강조한다. "처음부터 끝까지 제주 인심을 살려 운영하지 않았다면 어떤 모습일까." 하자 서로 부인 덕분이라고 한다. 부인만 치켜세우다 말없이 통 큰 부인을 감당해 온 남편에게 미안했을까. 누군가 부부란 서로 잘 만나야 한다고 정정한다. 천생연분처럼 서로 부족한 부분을 사랑의 씨앗으로 시작하였다. 해마다 높은 수확을 올리면서 오늘날 대형마트 여러 개를 운영하는 부부가 되었다.

각박한 현실 속에서 그녀가 짊어지고 왔던 정신과 노력은 아직도 제주의 전통문화의 맥을 이어가는 삶이라고 생각하게 한다. 타고난 이가 아니면 쉽게 이끌어 갈 수 없는 운영이다. 반평생 한결같은 마음으로 지탱하느라 쉼 없이 움직이는 몸은 무거울 수밖에 없다. 주어진 삶에 취해 자신의 고통은 뒷전인지 모른다.

옆에서 그녀의 일상을 지켜보고 있노라면 사찰 등 다양한 일상에도 참여한다. 들르는 곳마다 가슴속 깊이 품어 안으면서 여운을 남기고 다닌다. 세월 따라 삶의 쌓이면서 사방에 인연의 꽃으로 도량을 키워가는 여인으로 통하고 있다.

■ 작품 해설

여성의 삶, 여성의 글쓰기

—부진섭의 수필 세계

허상문(문학평론가 · 영남대 교수)

1. 들어가며

한편의 문학작품에는 그것을 쓴 작가의 삶이 그대로 반영된다. 문학의 의미나 가치는 작가에 따라 모두 다르겠지만, 문학은 본질적으로 인생과 세상에서 일어나는 사건에 대한 작가의 사상과 관점을 진술하고 묘사하는 일이기 때문이다. 특히 존재와 세상에 대한 작가의 사색과 인식을 문학적으로 그려내는 일에 복무하는 수필은 더욱 더 그러하다. 따라서 한 편의 수필에 담긴 작가의 삶과 인간의 모습은 작가의 현재적 실존과 미래의 가능성으로 읽히기도 한다.

부진섭의 수필은 삶의 문제에 대한 근원적 의문을 제기하면서 우리가 이 복잡하고 힘든 세상에서 어떻게 살아야 할 것인가에 대한 진실한 답을 추구한다. 그의 텍스트를 두루 읽다 보면, 작가는 성실하고 진실한 삶을 살기 위해서 일관되게 노력하는 작가라는 생각이 절로 든다. 삶을 진지하고 성실하게 살고자 노력한다는 것은 곧 작가의 경우 문학적 진실과 아름다움을 어떻게 구체화할 것인가를 위해 애쓴다는 것과 다르지 않다. 문학적 진실에 이르고자 하는 것은 곧 작가 자신의 인간적 성실성과 경건한 삶의 태도가 함유된다고 할 수 있기 때문이다. 좋은 작품에는 작가의 삶의 체험이 진실성 있게 담기고, 이것은 문학적 진정성으로 전화되어 유기적 전체로서 조직된다. 부진섭은 삶과 문학에 대한 태도를 다음과 같이 밝히고 있다.

> 삶에서 새로이 무언가를 배운다는 것은 항상 힘든 일이지만 더 나은 삶을 만들고 마음의 평정을 찾는 데 많은 도움이 되었습니다. 뚜렷하게 내세울 것 없는 인생이지만, 주어진 일상에서 최선을 다했다는 마음이 생깁니다. 지나간 세월 속에서 서글펐던 마음이 정화되면서 후회 없는 삶이었다는 자부심도 가져봅니다.
>
> 길지 않은 인생을 살아오면서 정말 특별하면서 열심히 살아가는 귀한 분들을 만나게 되었습니다. 그분들이 살아가는 모습은 내 문학의 귀중한 자산이 되었고, 세상의 그 어떤 것보다 값지게 다가와 작품으로 이어졌습니다.
>
> –「머리말」에서

위 인용문에서도 잘 드러나듯이, 부진섭에게는 삶과 문학이 별개의 것이 아니라 연장선에 있다. 말하자면 부진섭의 수필에는 문학이 '삶의 비평'(the criticism of life), 즉 작가란 인생 문제에 대해 자신의 사상을 진실하고 아름답게 이야기해야 한다는 매슈 아널드(Matthew Arnold)의 문학정신이 담겨 있다. 그리고 수필을 통해 '삶의 비평'을 이룬다는 것은, 삶에 대해서 성실하고 진실된 작가의 태도를 문학적으로 구체화하는 것을 의미한다.

이런 삶의 태도는 여성의 글쓰기를 통해서도 잘 구현된다. 여성의 글쓰기는 타자로부터 억압성이 없는 존재를 드러내기 위한 시도라고 할 수 있다. 이는 곧 여성과 남성 혹은 여성과 사회라는 차별화된 세상으로부터 새로운 존재 가치를 드러내는 시도의 한 방법이라 할 것인데, 이는 곧 주체로서의 여성을 내세우기 위한 삶의 방편이기도 한 것이다. 이런 점에서 부진섭의 수필은 여성으로서의 삶을 인식하고 실천하면서 그것을 문학적으로 형상화하고자 한다. 작가는 개인적으로든 사회적으로든 인간애를 바탕으로 헌신과 공감의 삶을 실천하면서, 동시에 자아의 성장을 통하여 주체적 여성의 모습을 이루고자 노력하고 있다. 따라서 부진섭 수필의 중요한 해석의 실마리는 여성적 삶의 태도와 글쓰기가 맞닿아 있다는 점에서, 작가의 여성적 삶에 대한 진실성을 규명하는 일은 곧 그의 작가의식을 이해하는 것이라고 할 수 있을 것이다.

2. 여성의 삶과 자아의 각성

오랜 세월 동안 우리 사회에서 여성의 삶은 항상 힘들고 고달팠다. 전통적으로 남성보다 여성은 수동적 · 모성적 · 감성적 삶을 살아왔으며, 여성의 역할은 가정에서 아이를 양육하고 남편에게 순종하는 것으로 제한되었다. 그래서 역사적으로 매우 오랜 시간 동안 여성은 자신들의 삶을 가질 수 없다고 생각되어 왔다. 이는 여성들 개인의 생각이었을 뿐만 아니라 문화적, 사회적으로 여성의 독립적 사고와 주관을 갖고 사는 것이 불가능하다는 것을 말해주는 것이었다. 마찬가지로 여성은 문화적 활동, 이를테면 문학을 하는 사람으로 생각되지 않았고, 여러 학문 분야에서도 여성들의 이름은 제대로 거론되지 못해왔다. 말하자면 여성은 인류의 역사 속에 생활하고 있으면서 반쪽 부재의 상태로 존재해 온 것이다.

그렇지만 사회적 문화적 존재로서의 여성의식의 진화와 함께 여성도 서서히 자아의 인식을 이루고 자신의 삶에 대해 새로운 차원의 인식을 이루기 시작했다. 사회발전과 함께 문화적으로 여성들은 자기의식을 가지게 되었다. 마찬가지로 부진섭도 자신의 삶과 문학에서 항상 깨어있는 삶을 위해 노력하고 있는 듯하다. 여성의 모습은 흡사 바다에서 밀려왔다 밀려가는 파도와 같이 무한하게 작은 존재와 무방비 상태로 존재해 왔다. 그들은 흡사 바다의 "구멍 난 돌" 같이 묘사된다.

> 구멍 난 돌은 자기 의지와 달리 바다의 풍파를 받아들여야만 하는 숙명처럼 그 자리에 서 있다. 부동해 있는 모습이 앞으로 나아갈 수도 뒤로 물러설 수도 없는 내 처지와 비슷하다는 생각이 들었다. 파도가 아무리 자신을 내몰아쳐도 꼼짝없이 그 자리에 서 있어야 하니 얼마나 아프고 답답할까.
>
> 거친 파도 앞에서도 피하지 않고 변함없이 부동해 있는 바위다. 태초의 화산 폭발로 형성된 자존의 위력을 발휘하듯 당당하게 서 있다. 수억 년 하루에도 수 없이 밀려와 부딪치는 파도를 무방비 상태로 받아들인다. 그 바위 앞에 서면 나 자신이 작아진다.
>
> –「구멍 난 돌」에서

여성의 모습은 하루에도 수없이 밀려와 부딪치는 파도에 무방비 상태로 서있는 존재와 같이 보인다. 그리하여 바위 앞에 서면 스스로가 작아진다. 그렇지만 "아무리 깊고 넓은 바다의 거친 파도일지라도 이 세상의 모든 것을 다 삼켜버릴 수는 없으리라. 저 파도의 풍화작용이 바다와 세상을 모두 뒤집지 못하듯. 삶이 아무리 힘들고 어려워도 나의 정신까지 압도하지는 못하리라." (「구멍난 돌」)라고 말한다. 아무리 나날의 삶이 어렵고 힘들더라도 스스로의 삶을 일구어내고자 하는 의지를 작가는 잘 드러낸다.

실제 작가의 삶은 가정과 가족을 위해서 지극한 인간적 헌신과성실성으로 무장된 것이다. 그래서 가족은 물론 이웃에 대해서도 항상 헌신적 태도로 일관한다. 예컨대 시할아버지가 돌아가신 후의 상황은 작가의 삶의 태도가 어떠한 것인지를 여실히 보여준다.

> 시할아버지가 돌아가신 지 일주일 되는 날 새벽에 나는 꿈을 꾸었다. 시할아버지가 구름 사이로 저 높은 곳으로 올라가시다가 가쁜 숨을 몰아쉬면서 나에게 밀어달라고 손짓을 한다. 너무 안타까워 밀어 드리고 싶었지만 계신 곳까지 올라가는 방법을 모르고 발을 동동 구르다가 잠에서 깨었다. 내가 결정한 정성이 부족하여서 '꿈에 나타났을까.' 하고 시계를 보니 준비하고 사찰에 갈 시간이다.
>
> 어슬어슬한 새벽에 '정토사'에 들어섰다. 이슬이 촉촉하게 내린 잔디를 밟는 순간 신선함이 긴장하던 내 마음을 편하게 한다. 목탁 소리를 들으면서도 어느 순간에 절을 하여야 할지 옆에 사람을 의식하다가 나도 모르게 눈을 감고 계속 같은 속도로 절을 하였다.
>
> -「시할아버지 49제」에서

바람직한 여성적 삶이란 근본적으로 여성에게 가해진 가정적 사회적 굴레나 억압의 상태에 대한 자아인식에서 출발한다. 따라서 여성이 좀 더 인간적인 삶을 영위할 수 있도록 하기 위해서는 여성적인 입장과 시각이 삶과 문학에 반영되어야 할 것이다. 여성의 자아

인식이나 각성은 그동안 우리가 절대적 진리라고 믿어왔던 지배체제의 합법성과 당위성을 회의하고 심문할 기회를 마련해 준다. 더 나아가 그동안 침묵해 온 여성의 위치에 대한 새로운 발견을 가능하게 해주었다는 점에서 큰 의의를 지닌다.

부진섭은 더 나은 여성적 삶에 대한 모색을 문학을 통하여 이루고자 한다. 여성의 삶에 대한 문학적 표현은 자아 인식과 각성이라는 측면에서 가치 지향적 태도이다. 여성 문학은 그동안 평가 절하된 억압 받는 존재로부터 여성에 대한 인식을 새롭게 이해하고자 하는 노력이기 때문이다. 이런 노력을 작가는 자신의 취미생활인 지화紙花를 만드는 과정을 통해서 잘 보여준다.

> 어떤 꽃이든 손끝에서 빚어내어 작품을 만들어야 가치를 다 살릴 수 있다. 구체적인 방향을 찾아야 한다는 마음은 넘쳐나면서도 실행하기 전에는 예술성이 드러나지 않는다. 눈으로는 생화를 감상하고 바로 지화로 손길이 따라 시도해야만 한다. 제대로 드러나기까지 함께 다루다 보면 하루가 너무나 빨리 지나가 버린다. 해내야 한다는 애착만이 집안 가득 맴돌면서 무기력했던 마음과 정신이 되살아나고 있는 자신을 의식하게 된다.
>
> –「일상의 변화」에서

지화를 만드는 과정을 통하여 작가는 "무기력했던 마음과 정신이 되살아나고 있는 자신을 의식하게 된다." 말하자면 지화를 만드는 것은 작은 일상에서도 새로운 삶에 대한 변화와 자아의 각성을 이루고자 하는 노력이다. 지화를 만드는 것이나 글쓰기와 같은 창작의 과정은 이 땅의 여성들에게 독립적인 자아라는 주체성을 얻고자 노력하는 것이다. 이것은 곧 여성 삶의 변화를 위하여 주체적 능동적으로 대응하고자 하는 노력의 가능성을 보여주는 행위이다. 이런 작가의 노력은 모성적 글쓰기의 모습에서 더욱 잘 확인된다.

3. 모성성의 글쓰기

부진섭의 수필에는 모성성의 확장과 포용의 미학을 형상화한 수필들로 가득하다. 작품의 기저에는 어머니로서의 강인한 삶과 그에 바탕을 둔 작가의 모성성이 자리하고 있다. 앞서도 비추었듯이 전통적으로 여성의 삶은 한恨 · 슬픔 · 기다림에 대한 운명론적 수용의 태도가 지배적이다. 이런 모성성은 가정이라는 절대공간을 무대로 하는 삶의 구조, 예컨대 가부장적 이데올로기의 질서에 대한 순응과 당위성 등으로 요약되는 모습을 띠어 왔다. 그래서 아직도 많은 작품에서 모성적 원리는 남성 중심의 이데올로기에서의 탈피라는 관점에서 이루어지고 있다. 그렇지만 긍정적이고 생산적인 모성성의 특성은 여성성과 남성성의 대립적 이원구도에서가 아니라 바람직한 인간성 회복의 차원에서 이루어져야 할 것이다.

부진섭의 작품에서 이런 관점은 잘 드러나고 있다. 그동안 여성의 삶은 집안에서 내밀한 심리적 허무감을 겪으면서 정체감의 위기를 심각하게 겪어왔다. 그러나 이제 여성들도 자신의 주체적인 의지로 살아가야 한다는 주장을 하고 있으며, 그 바탕에는 진정한 여성성과 모성성이 결합해 있어야 한다는 사실을 작가는 잘 인식하고 있다. 특히 제주의 많은 여인처럼 해녀의 길을 걸으면서도 '어머니의 삶'으로부터 모성성을 터득하고, 고단한 삶의 길로부터 바람직한 여성성을 수립하는 것은 생존을 위한 필수 조건이었다 (「해녀의 길」).

부진섭의 수필집에서 드러나는 모성성은 가부장적 사회 속에서 무기력한 수동적 여성성이 아닌, 능동적 힘인 동시에 삶을 포용하고 타자의 고통을 공감하는 초월적 의미를 지닌다. 누구에게든 무언가를 베풀고자 하는 마음은 사랑에서 우러나오는 것이다. 음식을 만들어 이웃 할머니가 노인정에 간 틈을 이용해서 남모르게 전달하는 따뜻한 마음에서 작가의 마음은 잘 드러난다.

> 부담되는 마음을 편하게 해드리고 싶었다. 같이 사는 할머니 동생에게 '너무 세심한 할머니 마음 다 알았으니 다음부터는 되갚는 것 하지 마시라고 전해 주세요'. 하자 아무리 말려도 받으면 되갚아야 하는 성격이라고 한다. 젊은 사람이 노인을 대접하면 고맙다는

말을 하고 받아들여도 되련만 청렴결백한 마음을 심고 살아간다.

새벽에 청소하려고 밖에 나오면 할머니는 이미 나와서 청소하고 있다. 멀리서 고개 인사를 하면 방긋 웃으면서 손 인사를 반갑게 한다. 가을이 다가오면 가로수로 심은 조밥 나무 잎이 수없이 떨어진다. 한 번에 떨어지지 않는다. 청소하고 돌아서면 또 떨어진다. 쓸고 또 쓸다가 다시 떨어지는 낙엽을 보면서도 청소를 멈추게 된다.

–「할머니의 사랑」에서

자신이 가진 무언가를 누군가에게 베풀고 거리에 떨어진 낙엽을 쓸고 또 쓸고자 하는 마음은 바로 속 깊은 어머니의 마음과 같은 것이다. 작가는 이런 마음을 실천하면서 살아가고자 하며, 사랑과 공감의 마음을 가지는 것이야말로 진정한 모성성이라고 생각한다. 고통과 인고의 시간을 지나왔지만, 가족은 물론 이 세상의 누군가를 위해서 헌신하고 사랑하고자 하는 마음이야말로 이 세상에 빛을 가지고 오는 심성이라 할 것이다.

이런 작가의 마음에는 독실한 종교적 믿음이 담겨있기 때문이 아닌가 한다. 작가는 불교에 대한 지극한 믿음을 지니고 이를 실천하고 있다. 「불명佛名 받던 날」, 「계율의 문턱에서」, 「방생하는 날」, 「발우 공양」, 「인연을 따라 배우던 길」, 「스님의 정감」 같은 작품에서 잘 드러나듯이, 작가에게는 '자비慈悲'의 마음이 가득하다. 자비란 불교에서 중생에게 행복을 베풀며, 고뇌를 제거해 주는 것을 의미하는 말이다. '자慈'는 최고의 우정을 의미하며, 특정인에 대한 것이 아니라 모든 사람에게 평등한 우정을 갖는 것이다. 또한 '비悲'의 원래 의미는 '탄식한다'는 뜻으로 중생의 괴로움에 대한 깊은 이해와 동정과 연민의 정을 나타내는 말이다. 광대한 자비를 '대자대비大慈大悲'라고 하는데, 이는 석가의 자비를 나타내는 데 흔히 사용된다. 자비의 마음은 바로 어머니의 마음과 다르지 않다. 작가는 어머니의 수의를 보면서 때늦은 후회를 하고 자식으로 해야 할 도리를 생각하는 마음을 지닌다.

> 날이 밝으면서 큰딸인 나에게 떠밀려오는 일정에 따라 제일 먼저 수의가 떠올랐다. 글을 못 쓰던 어머니는 이런 날을 위해 유언 대신에 수의 앞에서 평생의 삶을 마무리하려고 하였던 것 같다. 마음을 제대로 파악하지 못한 어리석은 자식이 되어 있다. 마음속 깊은 곳에서 뭔가 치밀어 올라오다 부끄러운 듯 목전에서 삼키게 된다. 장례식장에서 호상 전문가와 확인한 후 부족한 두 가지를 채웠다. '입히는 순서는 절대 바꾸어서는 안 된다.'라는 간곡한 망자의 유언이라며 부탁하자. 전문가들이니까 믿고 '옷 입힐 때 와서 지켜보라.'고 한다
>
> –「단 하루만이라도」에서

「단 하루만이라도」에서 어머니를 그리는 마음이야말로 깊은 모성

성의 발로에 의한 것이다. 여성적 글쓰기는 그동안 억압당한 바의 경험적 글쓰기로부터 억압성이 없는 존재를 드러내는 것으로의 발전을 의미한다. 부진섭의 수필에는 모성성이라는 이름으로 감추어진 새로운 삶에 대한 갈망을 향하고자 하는 정직함이 있다. 작가는 이제까지 인간으로서 여성을 새롭게 생각하고 어머니로서의 여성의 삶에 대해서 깊은 존경과 감사의 마음 가진다.

이렇게 부진섭은 자기 삶의 체험을 바탕으로 인간다운 여성으로서의 모성성과 여성성에 대하여 깊은 관심과 연민을 가지고 있다. 여기서 더 나아가 작가의 이런 태도는 인간과 사회를 위한 공동체적 삶에 대한 염원으로 발전하게 된다.

4. 공동체적 삶의 염원

일반적으로 공동체는 공통의 생활공간에서 상호작용하며, 유대감을 공유하는 집단을 의미한다. 오늘날에도 상호작용과 연대를 중심으로 다양한 형태의 공동체적 집단들이 존재하며, 가장 기본적인 공동체는 가족과 같은 혈연공동체로 개인의 생존을 위한 중요한 조직 단위이다. 공동체가 구성원 각자의 존엄성을 인정하여야 하듯이, 공동체 의식이란 개인과 집단의 이익과 조직을 존중하고 조화로운 발전을 위해 생각하고 행동하는 정신을 말한다.

부진섭 작품에서 공동체 의식으로 무엇보다 강조되고 있는 것은 가족 공동체의 모습이다. 「단 하루만이라도」, 「할머니의 애환」, 「체감 온도를 느끼며」, 「할머니의 사랑」과 같은 많은 작품에서 확인할 수 있듯이, 작품의 많은 사건은 가족이라는 틀 속에서 제기된다. 부진섭의 작품에서 가족에 대한 지극한 사랑과 공동체 의식을 발견하기란 어려운 일이 아니다. 가정은 인간이 태어나 처음으로 결속감을 느끼는 장소이다. 그렇기 때문에 인간에게 매우 소중하며 지대한 영향을 미치고, 그만큼 사회화의 기구로 활용되기도 쉽다. 가족의 연대감이 사회 수준으로 확장되어 관습화되고 통합의 규범이 된 결과물이 가족주의이다. 부진섭의 경우 이러한 가족주의는 삶 전반으로 확대되어 영향을 미친다.

작품에서는 작가가 활동하는 제주의 삶에 대한 공동체적 염원이 강렬하게 살아있다. 작가는 자기 삶의 공간에서의 후손과 역사에 대하여 많은 질문을 한다. 그것은 선조들이 쌓아 놓은 '탑'과 같은 것이 아닌가 하고 생각한다. 그 속에는 바로 제주인들이 살아온 삶의 역사와 의지가 담겨 있기 때문이다. 선조들의 삶과 문화에 대한 작가의 인식은 제주 곳곳에서 흔히 볼 수 있는 '방사탑', '돌', '원담'과 같은 다양한 상징적 기제를 통하여 잘 드러난다.

마을 사람들은 선조들이 남겨놓은 문화를 세월 따라 흘려 보내지 않았다. 대대로 보수하고 또 세우며 공동체의 삶을 이어온 정성과 의지가 덧보인다. 맨 위에 솟아나게 쌓은 탑은 남성을 상징하고 있다. 산처럼 쌓은 탑은 여성을 상징하였단다. 오늘날의 시선으로 보면 우리 제주의 현무암의 가치로 방사탑을 쌓고 어수선한 시대를 달래던 지주처럼 당당하게 보인다. 시대에 띠라 마을의 상징물이 되면서 관광객을 끌어들이고 있었다.

—「바닷가 방사탑」에서

가능하다면 구세대는 지난날 공동체 삶을 되살리며 완미하는 시간으로 삼았으리라. 신세대는 과거의 삶을 현재와 음미하게 된다. 몇만 년 전에 나타난 '돌의 수명과 가치를 생각하면서 삶을 키워가는 장소로 이어갔으면.' 하고 스스로 긍정적인 상상을 하며 아쉬웠던 마음을 채워본다.

—「다양한 도구」에서

시대에 따라 나일론 그물이 나오면서 고기들이 서식하는 곳마다 배로 찾아다니며 크고 작은 고기를 포획하기 시작했다. 덩달아 공동체 삶마저 무너져 개인주의로 치닫는 현실이 되어 버렸다. 각종 어종들이 줄어들면서 원담에 들어오는 생선이 줄어들면서 저절로 무용지물이 될 수밖에 없었으리라. 유년 시절까지 바다에 다녔지만 우리 마을에는 없었던 일상이다. 듣다 보니 빨리 만나고 싶은 충동이 파도처럼 일렁인다.

—「바다의 원담」에서

「바다의 원담」에서 잘 묘사되고 있듯이, 돌은 아무리 강한 물살에도 쉽게 떠내려가거나 날아가지 않는 무게와 힘이 숨어있다. 어떤 수명과도 비교할 수 없는 수억 년 전 제주 섬과 같이 탄생한 소산물이다. 인간이 필요할 때마다 사용하고 바다와 육지 어디에 버려도 원형을 지탱하는 현무암이다. 사용하면서 남긴 흔적들이 과거와 현재를 이어 미래를 내다보게 하는 제주의 자원이었다. 늘 바라보며 생각하게 하는 돌의 가치는 언제쯤 다 파악할 수 있을까라는 질문을 작가는 던져 본다.

부진섭이 꿈꾸는 세상은 서로 공감하고 나누는 삶이다. 이런 의미에서 그의 수필은 '공감'을 위한 문학이라 해도 지나치지 않으며 작가의 소망은 가족과 이웃 공동체에도 그대로 스며있다. 그들은 타인으로 절연된 것이 아니라 소중한 인연을 가진 사람들로 함께 공감하는 존재들이다. 부진섭 수필에 나타나는 사람들의 공감과 연대는 우리의 삶과 사회를 따뜻하고 사랑으로 충만하게 하는 힘이며, 그의 문학을 관류하는 본질적 정신이다.

5. 나오며

작가 부진섭은 여성으로서의 성실하고 진정한 삶을 실천하고자 하는 사람이다. 이것은 단순히 돈을 벌거나 명예를 위한 것이 아니라 참된 자아를 발견하기 위한 진지한 노력이라 할 수 있다. 참된 자아의 발견이란 자기도 모르는 가운데 본연의 삶에 충실하고자 노력함으로써 이루어지게 된다. 자신의 삶에 충실하고 이웃과의 공동체적 삶에 대하여 지속적인 관심을 기울이는 가운데 인간은 진정으로 새로운 삶의 의미를 터득하게 되는 것이다.

인생을 부정적인 방향으로 생각하고 자신을 잃어버리면 삶에 대한 의욕은 물론 앞으로 나아갈 힘마저 상실하게 된다. 그러나 부진섭은 인생을 항상 밝고 긍정적인 방향으로 가꾸고 나가야 한다는 사실을 역설한다. 그의 삶은 항상 긍정적이고 새로운 세상을 위한 희망의 의지로 가득하다. 그리하여 부진섭의 수필은 불행과 고통에 대한 우리들의 통상적인 견해를 전복하면서 인간에게 희망과 행복을 위한 의지가 얼마나 소중한 것인가를 일깨워준다.

부진섭 수필집

가버린 세월

인쇄 2018년 11월 20일
발행 2018년 11월 26일

지은이 부진섭
발행인 서정환
펴낸곳 수필과비평사
주소 서울시 종로구 삼일대로 32길 36(익선동 30-6 운현신화타워 빌딩) 305호
전화 (02) 3675-3885 (063) 275-4000 · 0484
팩스 (063) 274-3131
이메일 shina2347@naver.com essay321@hanmail.net
출판등록 제300-2013-133호
인쇄 · 제본 신아출판사

ISBN 979-11-5933-188-6 03810

값 13,000원

이 도서의 국립중앙도서관 출판시도서목록(CIP)은 서지정보유통지원시스템 홈페이지(http://seoji.nl.go.kr)와 국가자료공동목록시스템(http://www.nl.go.kr/kolisnet)에서 이용하실 수 있습니다.(CIP제어번호 : CIP2018037944)

Printed in KOREA